灵里行走
Spirit Walk

凡人亦有非凡的力量
The Extraordinary Power of Acts for Ordinary People

史迪文·史密斯 [著]

元公绪，元良愫 [译]

Written by: *Steve Smith*
Translated by: Gongxu Yuan, Liangsu Yuan

我们若是靠圣灵得生，

就当靠圣灵行事。

（加拉太书 5：25）

If we live by the Spirit, let us also keep in step with the Spirit.
Gal. 5:25

灵里行走：凡人亦有非凡的力量

Spirit Walk (Special Edition): The Extraordinary Power of Acts for Ordinary People
© 2023 by Steve Smith. All Rights Reserved.

No part of this book may be reproduced, stored in a retrieval system, or transmitted in any form or by any means—electronic, mechanical, photocopy, recording, or otherwise—without prior written permission from the publisher, except brief quotations used in connection with reviews. For permission, email permissions@wclbooks.com. For corrections, email editor@wclbooks.com.

William Carey Publishing (WCP) publishes resources to shape and advance the missiological conversation in the world. We publish a broad range of thought-provoking books and do not necessarily endorse all opinions set forth here or in works referenced within this book. WCP can't verify the accuracy of website URLs beyond the date of print publication.

Published by William Carey Publishing
10 W. Dry Creek Cir
Littleton, CO 80120 | www.missionbooks.org

William Carey Publishing is a ministry of Frontier Ventures
Pasadena, CA | www.frontierventures.org

Cover and Interior Designer: Mike Riester

ISBNs: 978-1-64508-548-5 (paperback)
       978-1-64508-550-8 (epub)

Printed Worldwide
27 26 25 24 23   1 2 3 4 5   IN

作者简介

史迪文·史密斯博士,作为全球 24:14 联盟 (24:14 Coalition) 的领导者,致力于通过倍增门徒,植堂,培养教会领袖的王国运动方式将福音传到当代每个未达之族群,每个未达之地。三十年来,史迪文亲自参与并指导的王国运动不计其数。他现在是"东 西方差会 (East-West Ministries)"专职教会植堂的副总裁,"超越差会 (Beyond Ministries)"的全球培训催化师。

谨以此书，
献给在世界各地像使徒一样
实实在在
为植堂运动
努力做工的弟兄姐妹们。
我们同心协力，
可以在圣灵的大能中
成就马太福音 24：14[1] 和 28：18 - 20[2]。

---

[1] 这天国的福音要传遍天下，对万民作见证，然后末期才来到。（马太福音 24：14）——译注。

[2] 耶稣进前来，对他们说："天上地下所有的权柄都赐给我了。所以，你们要去，使万民作我的门徒，奉父，子，圣灵的名给他们施洗。凡我所吩咐你们的，都教训他们遵守，我就常与你们同在，直到世界的末了。"（马太福音 28：18-20）——译注。

目录

译者说明　6

读者推荐　7

前言：与圣灵一起扬帆起航　12

引言　17

第一章：未知前路中的可知步骤　26

第二章：灵里行走　39

第三章：把你的控制权交给神　51

第四章：顺服神的旨意，遵从神的道　75

第五章：在祷告中等候神（第1部分）　95

第六章：在祷告中等候神（第2部分）　108

第七章：避免犯罪，让神清除一切的不义　124

第八章：追求圣灵的启示　157

结论　188

附录1：顺瓦普聚会的格式：多天，每天，每小时　193

附录2：团体顺服聚会的形式　202

附录3：卫斯理运动问责问题　207

附录4：蒙神喜悦的祷告样板　208

附录5：父的救援车　212

出版社推荐语　215

译者说明

一，本书中文版所引用的圣经经文，出自下列版本：
1. 新标点和合本（CUVNP），联合圣经公会 1988 年；
2. 吕振中译本（LUV），香港圣经公会 1970 年；
3. 圣经新译本（NCV），环球圣经公会 1974 年；
4. 现代中文译本(TCV)，香港圣经公会 1979 年初版 1997 修订版；
5. 思高本（Si Gao Sheng Jing），香港思高圣经学会 1968 年；
6. 和合本修订版（RCUV），香港圣经公会 2011 年；
7. 中文标准译本（CSBS），全球圣经促进会 2005，2008，2011，2017，2018 年；
8. 圣经当代译本修订版（CCB），国际圣经协会 (Biblica) 2011 年。

二，中文版经文选取原则： 以新标点和合本 (CUVNP) 为主，其他版本为辅。凡是引自新标点和合本的经文，一般不再标注出处，或仅标注和合本。凡是引自其他版本，则一律标注版本出处。

三， 英文版中的注释全部予以保留，同时根据正文内容增加了部分译注，以方便中文读者理解相关背景知识。译注后标有译注二字，以区别于作者原注。

读者推荐

尼尔·科尔（使徒型宣教士，作家，作品包括《有机教会》，《教会3.0》，《意义之旅》和《原始火》）：通过正确的方法，人们可以完成一些重要的事情，但这些事情不一定是永恒的。然而，通过正确的赋权，人们可以真正改变世界并带来永恒的成果——所谓方法其实无关紧要。本书中，史迪文·史密斯揭开了引擎盖，向我们展示了使徒运动，门徒倍增运动背后的真正秘密……它不是战略，工作手册，计划或五步计划。这是我们所有人都能立即获得的东西，并有望结出永恒的果子。现在是时候欢迎圣灵并跟随祂的领导进入田地收获了。

史迪文·艾迪生（《开拓性运动：倍增门徒和教会的领导力》的作者）：史迪文·史密斯一生致力于通过使门徒和教会倍增的运动来实现大使命。他为我们在宣教战略和有效方法方面的研究做出了重大贡献。但史迪文知道，仅有最佳实践还是不够的。在《灵里行走》中，他解释了神的大能如何在我们身上做工以及如何通过我们为祂的荣耀和万国万邦的门徒做工。

杰夫·威尔斯（休斯顿地铁区林边（WoodsEdge）社区教会高级牧师）：美国绝大多数基督徒的生活中都有低级挫折感。这种挫折感背后的主要原因很简单：基督徒倾向于依靠自己的力量，而不是圣灵的力量。这是失败的不二法门。史迪文·史密斯的书《灵里行走》是一个实用，强大的指南，可以用于抗击撒旦的阴谋。这本书会改变你的一生！

杰瑞·特鲁斯代尔（"新世代"国际差传部主任，《奇迹运动》的作者，《解放了的王国》的合著者）：刚读了本书前面的几千字，我就意识到《灵里行走》是一本与众不同的书：书中洋溢着圣经中的坦诚，洋溢着作者久经沙场，充满智慧的经验之谈，使我爱不释手，反复咀嚼。史迪文·史密斯是王国运动的关键先驱之一。在这本书中，他用圣灵激光对二十一世纪数以百计的王国运动中的每一个能观察到的神圣指纹进行了照射，并邀请基督信徒不要试图领导王国运动中的游行，而是要追求神并住在神里面。

杰里·兰金（"美南浸信会（SBC）"国际差传委员会名誉主席）：大多数牧师和宣教士迟早会无计可施，意识到有些结果只能藉着神的大能做出解释，而所谓最好的讲道，方法论，训练和策略并不能产生这些结果。史迪文·史密斯看到神的灵在宣教领域做工，并从他的个人宣教经历中分享灵里行走：在天天得胜的生活和事奉中，每个基督徒如何体验规范的"灵里行走"。

大卫·加里森（"全球之门（Global Gates）"执行董事）：史迪文·史密斯提醒我们，在过去的2000年里，灵里行走对于每一个重大的王国突破都是必不可少的。我向所有读者推荐这本书，因为本书为他们的王国之旅提供了强大的资源。

吉米·塞伯特（安提阿社区教会高级牧师，"安提阿国际差传组织"总裁）：对于我们所有关心神在地上的大使命的人来说，这是一本开创性的书。史迪文·史密斯是真正塑造安提阿运动以及更新成千上万人生命的人之一。他的领导力，战略思想，以及对神的爱和神的权柄的绝对顺服让他成为一个值得追随的人。我为史迪文和他的新书《灵里行走》感到骄傲。我相信，对于我们所有真正渴望神的王国来到我们生命中的人，所有真正渴望神的旨意成就的人而言，这本书将会引导我们前进。

比可勒·山口博士（"全球教会倍增联盟（GACX）"总裁，"国际学园传道会（CRU）"全球教会运动副总裁）：在过去的几年里，我有机会当面认识史迪文·史密斯，并开始钦佩他的信仰的力量，他谦逊的领导方式，以及他的事工方法的简单性。通过阅读他的《灵里行走》，我懂得了为什么他是我们这一代人中具有如此高影响力的领导者的原因。他执行宣教事工的主要方法是在圣灵里行走并藉着圣灵的能力行事。这正是史迪文邀请我们采用的做法：不是依靠我们聪明的策略，而是回到使徒行传，去体验充满恩典和权柄的生活，并结出很多果子。他撰写的这本书会向我们展示具体做法。我保证，如果你运用书中概述的原则，你的生活和事工就会大不一样。

汤姆·埃利夫（"国际差传委员会（IMB）"前主席，"活在道中"出版机构的创始人）：史迪文·史密斯是一位宣教士，植堂者，是我们主的热心门徒。正如你将要发现的那样，他的心伴随着每天都被圣灵充满的生活的迫切需要而跳动。

斯坦·帕克斯（"24：14（2414now.net）"联合召集人，"超越Beyond（beyond.org）"机构副总裁，各种植堂运动（CPM）的培训师和辅导员）：在有些基督徒的生活中圣灵好像不存在。其他人被教导成了违背圣经原则的过激分子。这本书将帮助你按照圣经原则理解圣灵，并教给你实用的方法，帮你每天被圣灵充满，然后时时刻刻都在圣灵的能力和引导下生活。对于我们所有想要从神那里获得更多的人，我强烈推荐这本书。

柯蒂斯·瑟正特（信徒）：有个问题至关重要，就是我们如何为着大君王耶稣和祂的王国过丰富多彩，果实累累的生活，史迪文在本书中清楚地阐明了这个问题。

可特·尼尔森（"东西方差会"首席执行官）：在耶稣基督被钉十字架，复活和升天之前，祂承诺我们会做"更大的事"，比祂在地上时做的事更大（我实实在在地告诉你们，我所做的事，信我的人也要做，并且要做比这更大的事，因为我往父那里去。约翰福音14：12）。在《灵里行走》中，史迪文·史密斯提醒教会，这些"更大的事"只能通过圣灵在神子民中运行的大能来成就。我发现了作者关于如何时时刻刻与圣灵一起开展使命的切实说明，这激发了我个人的事工，鼓舞了我更加有效地领导那些有圣灵内住和为圣灵赋权的宣教士领袖。

应凯（"T4T全球差会"执行主任）：今天，我们一定能够完成主耶稣的大使命。最重要的是每个信徒都要成为充满圣灵权柄的人。只有这样，才能在全世界传播天国的福音，作万民的见证。感谢神！这本书可以引导我们每天与圣灵同行。

里克·伍德（《差传前线（Mission Frontiers）》杂志编辑）：史迪文·史密斯完成了另一本关于完成世界福音传播的必备书籍。他的T4T[3]书为我们提供了促进运动的方法。现在这本《灵里行走》是我们一本必不可少的指南书，借此我们可以在我们的生命和事工中培养圣灵的能力。伟大的方法只会带我们到目前为止，但结合圣灵的工作，神所能做的事是无限的。对于每一个严肃的耶稣信徒来说，这本书都是必读书。

马里奥·赞德斯特拉（"东西方差会"主席）：《灵里行走》展现了一种令人耳目一新的圣经观点，即"灵里行走"意味着什么。在一个充满混乱和紧张的世界里，我们很快就能以自己的力量运作。然而，《灵里行走》中的圣经原则为我们提供了一个指导，通过仰望圣灵引导我们继而去发挥领导作用。

卡罗尔·戴维斯（差传战略家和动员者）：我们大多数人都从内心渴望看到神显现——带着具有爆炸性的王国大能显现，就像祂使用我们时那样。我们听到这事发生了——主要是发生在其他地方，发生在其他人身上。《灵里行走》不仅告诉我们为什么"应该"，"应当"被圣灵充满，而且展示如何令人信服地实现被圣灵充满。把耶稣作为我们的榜样吧，这个榜样虽然昂贵，但是非常实用。这本书能让人知罪，就像一个挤压肋骨的指关节——哎哟！疼！

---

3 当信徒们作为顺服的门徒，忠实地跟随耶稣，并将福音与门徒的身份传递给那些他们带领信主的人们时，一场门徒身份的革命就开始了。应弟兄称之为给训练者的训练（Training for Trainers，简称T4T）。T4T所燃起的神国的再度革命旨在：动员基督徒去实践神的呼召；训练信徒通过活出基督的生命样式来传福音；通过对基督充满爱的顺服，给新信徒进行门徒训练；倍增出一代又一代的新门徒，家庭小组和教会；为被圣灵充满以及忠于圣经的教会倍增计划快速地培养出成熟的领袖。——译注。

布莱恩特·赖特（佐治亚州玛丽埃塔市约翰逊渡轮浸信会高级牧师，"美南浸信会"前主席）：神已经以强大的方式将史迪文·史密斯用于祂的王国。现在，《灵里行走》出现在教会迫切需要与圣灵有深刻联系的基督徒的时候。祷告一直是我们教会事工的基石，然而神却在福传中赐给我们新的祷告权柄的异象。史迪文的书是神向我们揭示的内容的一个重要感叹号。我向所有渴望在生命中取得突破的信徒强烈推荐本书——从罪和圣灵冷漠中突破，以及王国突破，从一个迷茫和陷入困境的世界突破。本书中的原则是解开福音的力量的关键，因为我们承担了神赋予的使命：做神的大使，奔赴世界各个角落传播福音。

杰夫·萨戴尔（"装备，福传，建立教会伙伴"机构（e3 Partners）首席田野战略官）：作为信徒，我们每一天生活的方方面面都取决于在圣灵的大能中行走。如果不依赖圣灵，我们就不能成为合格的配偶，父母，门徒或植堂者。每个信徒都必须阅读这本书，以便充分发挥神为我们所储备的生命的潜力。

道格·卢卡斯（"团队扩展组织"总裁，布里加达的创始人/编辑）：在《灵里行走》中，史迪文·史密斯在生命的每一个阶段都规划出与神相交的实用道路。他的首字母缩略词（SWAP"顺瓦普"），是这本书的精髓，对我来说真的很有用。我认为，衡量一本书的最重要的标准是：我们通过阅读一本书而获得个人成长。《灵里行走》帮助了我个人成长，我迫不及待地想要把书里的教导应用到我生活中。

约翰·贝克尔（"非洲内地会（AIM）"差传部主任，"愿景5：9"国际协调员）：你是否渴望超越平凡而成就非凡？《灵里行走》提供一种实用的圣经教导，帮你每天每小时都在圣灵的充实中行走。史迪文教给我们的不是什么捷径，他教给我们的是灵里行走这些古老的道路，它们使我们走出失败，走向神希望在我们身上完成的伟大工作，走向神希望通过我们完成的伟大工作。

前言：
与圣灵一起扬帆起航

一阵风吹过地球表面。

　　她比最猛烈的飓风还要猛烈。比龙卷风的涡旋还要强大。没有任何生命能在她的攻击面前站立得住。在她面前，列国列邦沦陷，种种借口托词会被识破，无数心灵会被打开。

　　大风呼啸扫过。

　　锁闭的机遇之门不会永远关闭。

　　没有任何世界观的拦阻能放缓她的脚步。

　　她的漩涡盘旋着进入一切封闭的心灵。

　　这风比最甜蜜的呼吸更能赐予生命。从亚当到现在，她呼出的气息为所有人带来了生命。她的狂风将干枯，白森森的骨头包裹在灵性的鲜活血肉之中。她强力的涌动在耶稣的追随者身上散发出大能的火焰。

　　这和风驱动了历史上每次神的运动之船。耶稣的门徒被派遣出去，越过地平线，乘风破浪。海浪拍打着目的地国家的海岸，和风在山谷中盘旋，遥远的人们在美妙的旋律前下跪。

　　风把信徒们从沉睡中极大唤醒。先是微弱的气流。然后是持续的微风。最后是生命的旋风。复兴又来了——这是精神上的重生。

　　她的气息继续她的亘古不变的旅行，现在又扫过新一代正在披荆斩棘，砥砺前行的耶稣信徒。

　　没有人能平息这场风暴。

　　没有人能控制这种和风。

　　没有气象学家能预测她的方向。

　　没有一个国家不受其影响；没有一个社区不被她的气息感染。

　　任何运动都离不开她的力量。

　　没有她赐予的生命的气息，什么方法都结不出果子。

　　若没有她的充满，任何意志力都不能改变人生。

　　然而，许多信徒，教会领袖和神学家们都忘记了她的力量。代际健忘症在我们中间蔓延。我们忘记了风在过去是怎么吹的。相反,我们辩解说现在不会再吹这种风了,或者将报道这种力量的报告归入基督教会的众多污名之一,类似报告令我们压抑。

但这大风却从未停止或减弱。如果你愿意睁开眼睛,你会看到她正从你身边呼啸着旋转而过。

这种风有个名字:

元气
精神
确切地说,是圣灵。
被低估和误解的三位一体的第三位。

新约中"圣灵"和"风"的意思是一样的。所有的生命都始于圣灵,盘旋在万物之上的神的风。

起初,神创造天地。
地是空虚混沌,渊面黑暗;**神的灵运行在水面上。**
(创世纪1:1-2,粗体字是重点)

当今,巨大的压力和焦虑在全社会蔓延。我们被信息淹没,被生活节奏所拖累,常常发现自己被过度刺激的网络所扰。但是,我们必须记住,在今日,圣灵之风仍然强劲地吹着,就像它在创世的水面上空盘旋着吹一样有力。她的力量永远不会减弱,因为这是全能的神之圣灵。

放宽心吧,这风不是没有生命的"它",而是有生命的"祂"。"祂"是一个想和你建立关系的人。祂在这种关系中主宰着你,但就像你不能控制风一样,你也不能主宰祂。祂是全能的神。

在有常住居民的六大洲的所有国家中,圣灵之风正强劲地刮着。在这些国家中,有两种类型的耶稣信徒:一类是看不见或听不见圣灵之风的人,因此他们无法灵里行走;另一类是那些让圣灵之风吹透他们的人,这些人常常会经历自己生命的彻底更新,以及周围人的生命的彻底更新。

当圣灵在大能中显现,并且神的子民顺服在祂温柔的领导之下时,就会出现令人敬畏的神的运动。心灵和圣灵结合起来的浪潮,势不可挡。历史上的每一次复兴都这些浪潮而来:心灵臣服于博爱的,全能的圣灵。人的性格发生改变,心灵大门开启,结出果子,不可思议的梦想变成了现实。

风正在吹拂。作为一个属灵水手,你有两个选择:

1. 你可以扬起风帆,摆好帆的位置,这样就可以随着圣灵向着神所设计的目的地前进;

2. 你可以放下风帆,用你的力量划桨,听任把你往后拉的潮水的摆布。

无论你的选择是什么,没有祂,你都无法让你的人生之船朝着正确的方向前进。你没有能力去强迫久经事工,硕果累累的船启航。你能做的只是扬起风帆。神肯定会刮风。但好消息是,祂正在刮风。祂等着你扬起风帆,这样你就可以和祂一起航行了。

毫无疑问,你熟悉耶稣的话,就是你必须重生,成为一个新的生命——神的儿子或女儿。但在读完约翰福音3:8之前的五节经文之后,你有没有把祂的话铭刻在心里呢?

风随着意思吹,你听见风的响声,却不晓得从哪里来,往哪里去;**凡从圣灵生的,也是如此。**

(约翰福音3:8,粗体字是重点)

与祂同行的过程很神秘。这意味着遵循祂不可预测,但令人愉悦的方式而行。这是一段你永远不会后悔的旅程。这是一个满足你内心渴望的探索。

在横跨六大洲的数百个地方,门徒们正在回归到神造人的原本的设计。耶稣门徒的根本特征正在重新显现。门徒开始培养门徒。教堂开始建立更多新教堂。领导者们正逐渐成熟,扮演着神赋予他们的角色。使徒行传的故事一遍又一遍地在现实生活中发生。

核心并不在方法,尽管以圣经为依据的简单方法很重要。核心也并非门徒训练的过程,尽管生命与生命的互动是至关重要的。

前言：与圣灵一起扬帆起航

是什么驱使和维持神的天国爆炸式扩张？是神为我们设计的，古老的灵修：灵里行走。门徒们正在学习如何与全能的神的灵保持一致。圣灵是无限无量的，祂会打开每一扇紧闭的门，并结出永恒的果子。

走进神为你设计的丰盛生活的关键，是与造物主的圣灵建立正确的关系。方法会遇到障碍。实行过程中会遭受波折。只有圣灵才能助你在生活和事工中渡过难关。这是能突破困境的灵。

踏上探索圣经深处的旅程，探索灵里行走的奥秘吧。在圣灵之风的引领下，让神的道消除困扰在你意识边缘的恐惧。让慈爱的天父向你确保，祂的同在会为你带来平安，而不是焦虑。

学着每天都灵里行走吧。

这是一条前路未知的道路，但步伐是可知的。

从历史的开端，圣灵之路就是你被创造后预定你要走的路。住在主里面，这从一开始就是神对你的规划，而非开始基督徒生活后神另外增加的要求或者神的事后才有的想法。创世记始于圣灵把生命带入初创之水，并吹气给予亚当生命。

在历史的中期，耶稣站在那里，双臂张开，大声呼叫：

> 节期的末日，就是最大之日，耶稣站着高声说："人若渴了，可以到我这里来喝。信我的人就如经上所说：'从他腹中要流出活水的江河来。'"耶稣这话是指着信他之人要受圣灵说的。那时还没有赐下圣灵来，因为耶稣尚未得着荣耀。
>
> （约翰福音 7：37 – 39）

在人类历史结束的时候，圣灵仍然是主题——最后一代信徒完成神的使命的唯一方式。圣经的最后一章以召唤信徒饮用充满生命力的圣灵之水结束：

> 圣灵和新妇都说："来！"听见的人也该说："来！"口渴的人也当来；愿意的，都可以白白取生命的水喝。
>
> （启示录 22：17）

从开始到结束，圣经描绘了一个主题：全能的神为祂的旨意而创造我们；而我们，作为祂的创造物，依靠祂赋予生命的圣灵来实现祂的旨意。

历史上的每一次圣灵觉醒都是以这种方式开始的，那就是：**灵里行走。**

对于这条未知的前路，你会迈出可知的步伐吗？

风在吹。你有勇气扬帆远航，一起加入旅程吗？

引言

我和妻子曾在亚洲工作过 15 年。在那段时间，圣灵掌权的方式是我们在北美植堂时从未见过的。我们经历了门徒和教会与日俱增，也见证了福音的迅速传播。使徒行传的故事仿佛在我们眼前重演。到最后，我们几乎在世界上每一个大洲都培训过当地的宣教运动。

一位牧师观摩了我们在亚洲的培训后，询问我们是否可以把将这种培训引入美国。我和妻子马上就同意了。在四天的培训时间里，四百名牧师，教会的植堂者，宣教团的领袖聚集在一起，探讨神的道，并提出一个非常关键的问题：我们如何与圣灵合作，才能再次使祂在美国强有力地做工，而不仅仅是在亚洲或非洲？

这次特殊培训有四百名教会领袖参加，后来被证明是北美教会事业的一个分水岭。圣灵得以再度与我们相遇。在这段时间里，许多领袖重申他们的承诺，即效法圣经中门徒训练的规范方法。六年后，我们中很多人在回首往事时都觉得这次会议是北美各城市门徒造就运动的转折点。

让我感触最深的是，从一开始，我们就知道神在做一件大事，而且北半球的人民已经做好了倾听的准备。在这次会议的第一天，茶歇时，我妻子无意中听到一个女士在和朋友谈话。女士说："我和一个人说我要去参加一个植堂大会。朋友问我：'是哪个教会的建立？柳树溪的那个？还是马鞍的那个？还是另外哪个教会？'我说：'哪个都不是。我去的那个会是关于植堂事实上怎么从中国这类国家传播出去的。'"她接着说，"我朋友叫道，'中国？！看来神真的在中国做工了。我们应该注意这一点。'"

我妻子迫不及待地想和我分享这个消息。毕竟，它指出了一个令人难以置信的事实——在经历了几个世纪的黑暗之后，**亚洲正在向美国传经送宝**。从西方世界传到亚洲的福音，现在正在教导西方世界如何借着圣灵的大能做出改变。亚洲强大的圣灵运动使得西方世界重新思考自身的根基——这些根基是我们几代人以前就很了解的根基，是在我们最初的觉醒和随后的复兴中圣灵行走所塑造的根基。

看不见的原动力

在二十世纪90年代末，全世界像使徒行传一样的宣教运动的数量，屈指可数。但是现在形势喜人。2018年本书发表之时，我们正在追踪超过六百场此类运动的发展。这些运动遍布每一个大洲，遍布每一个有教会的社会以及鲜有教会的社会。

这并不是说亚洲发现了什么新方法。相反，它重新发现了那些**古老的方法**——被遗忘的门徒训练方式，这种训练方式在其他时代和地方曾是常态。

不仅是在亚洲和非洲，还有那些西方的城市，神正在以一种崭新的，前所未见的方式做工。那些从未去过教会，或是心灵破碎不堪的人们受洗了，洗礼人数已经创下了纪录。教会正恢复活力。无数生命正在发生改变。神与人的关系及人际关系正在被医治。无数社区也在寻找希望。

使徒行传的故事令人兴奋。现在，看见使徒行传的故事再现更是激动人心，因为我们看见神在做工——耶稣基督昨日，今日，一直到永远，是一样的。（希伯来书13：8）

但我们必须小心翼翼，不可掉以轻心，更不能盲目乐观。在我们真诚渴望可以在个人生命，教会和事工中感受到神做工的存在时，我们首先考虑的就是常常检查正在发生的事情背后所看不见的方法。这些方法非常重要。关于圣经中的原则，以及神如何在世界各地倍增门徒，教会，领袖的方法，我写过其他作品[4]加以介绍。

但"方法"不应该是我们**首先**考虑的地方。相反，每个运动背后看不见的原动力是圣灵。圣灵是我们工作中被想当然假定存在的力量，也是常常**不被认真讨论**的力量。

不再想当然地假定

在我几十年的经历中，我终于明白了一个至关重要的事实。想当然地假定"神的国度的门徒和工人明白如何每天在圣灵的大能和引导

---

[4] 我的相关书籍很多，例如可以参考史迪文·史密斯与应凯合著，《T4T：门徒再革命》Smith with Ying Kai, *T4T: A Discipleship Re-Revolution* (Monument, CO: WIGTake Resources, 2011)。

下生活"，是非常危险的。即便在长期信教的基督徒中，对圣灵不甚了了的"圣灵盲"也是比比皆是。因此，我不再想当然假定任何事情。

我们常常想当然地假定"基督徒明白被圣灵充满或灵里行走的含义"。牧师们满口都是"被圣灵充满"这句话，但实际上，耶稣的追随者们对这句话的真正含义缺乏清晰的认识。

你，虽然是一个平凡人，但是神预定你要你在神的大能中行走，正如我们在圣经中所见的样子。但是，你知道该怎么做吗？

> 我们若是靠圣灵得生，就当靠圣灵行事。
> （加拉太书 5：25）

暂时停下来，问自己一个问题："我是否清楚圣经所教导的'如何反复被圣灵充满'，并每天加以实践吗？"

如果你缺乏清晰的认识，或是实践的决心，那么本书非常适合你。

我们必须停止想当然假定基督徒明白"灵里行走"的基本原理。圣灵失忆症已经侵袭了大量基督徒，并且这种流行病正在蔓延中。大批信徒已经遗忘了灵里行走这种古老的灵修方式。

世界各大洲正在发生很多神的运动，这些宣教运动背后的原动力的权柄之下行走所依赖的圣经原则，就是本书的内容。学园传道会已故的比尔·布莱特博士[5]曾教导学生，首先要学会被圣灵充满，**然后**才是学习如何个人传福音。个人传福音是让人们来到基督跟前的方法，但被圣灵充满才是方法背后的力量所在。**这不是什么新鲜事，也不是什么革命性的东西。**事实上，耶稣最初让他的门徒走这条路，命令他们等候，直到他们被从上头来的能力充满，然后成为祂的见证人（见路加福音 24：48-49；使徒行传 1：8）。

这本书是关于方法背后的力量。这是一种我们想当然地认为在我们需要的时候就会出现的力量，但奇怪的是，这也是我们很多人对它一无所知的力量。

---

5 比尔·布莱特 William R. "Bill" Bright (1921 – 2003)，美国福音派布道家。1951年建立学园传道会（CRU）。——译注

这本书讲的是属灵力量，正是靠着这种力量，你才变得像耶稣基督，你才获得了宣教事工的丰硕成果。我们想当然地认为属灵的力量会赐予我们力量，但很大程度上，我们缺乏属灵的力量。

让我全面客观说明问题吧。我不是在神赐能力的环境里长大成人的，也不是在圣灵降临节的环境里长大的。这本关于如何被圣灵（反复）充满并在圣灵里行走的观点并不是来自五旬节派教徒。我从小就是南方浸信会的福音派教徒。

浸信会教友为世人所知，其特别的原因并非是他们对每天要被圣灵所充满，每天都要在灵里行走的理解和重视。事实上，我认识的大多数浸信会教友都有点害怕圣灵。我们想要祂，但又和祂保持一臂距离，若即若离。但是所有的耶稣信徒——无论他们的神学特点是什么——都必须学会依靠圣灵。作为普通的追随者，我们也必须学会依靠使徒行传的非凡的行为力量来生活。

四十年来，我一直都在学习耶稣，学习如何在圣灵里行走。由于修行圣灵并不是我门徒生涯的一部分，我不得不重新阅读圣经，甚至有时会遭到教会领袖的善意反对。我想要明白为什么**根据圣经门徒必须要一次又一次被圣灵充满**。我不想盲从某些稀奇古怪的教义解释，所以我仔细研读圣经，来理解圣灵每天如何引导我们。同一群勇敢的门徒一起，我学会了在神面前祷告并保持谦卑，这样，祂就可以指导我生命中的时时刻刻。

我并不完美。很多情况下，我常常回复到**自己控制自己**，而不是让**神主宰我**。我现在正行走在灵修之路上，这条道路的尽头就是见到耶稣。我正在这条路上，请你们也同我一起加入灵修之路——也就是灵里行走这条古老的道路。这就是这本书的全部内容——把我们对生命的控制权交给正确的影响者。不是交由那些有害的影响力、物质，或意志力，而是交给永恒的影响者——圣灵。

让灵里行走成为标准操作程序

这本书并没有想当然假定我们现在这代人明白该如何每天依靠圣灵的力量行走。当个人生活陷入混乱，道德沦丧，人际关系和婚姻破裂，教会分裂，事工缺乏成果时，这种种迹象表明我们这一代人圣灵健忘症变得愈发严重，灵里行走日趋衰落。

但是，世界各地类似于使徒行传的运动提醒我们，灵里行走在许多地方并没有消失，有些还生机勃勃。圣经的章节和这些如使徒行传一般的例子正在召唤你重新发现那些被遗忘的灵里行走的方式。我们不能把灵里行走归为某种神学的观点，它是每一个神的儿女都要完成的标准操作程序。

你即将开始这本书的阅读。在这里，你将看到并体验新约中耶稣门徒所洞若观火的一切。这本书将你带到幕后，去了解神的圣灵是如何在世界各地以大能做工，以及祂是如何影响你的生命和事工的。

灵里行走应该是我们**超自然**生命中最**自然**的一面。不幸的是，实际上它恰恰是许多基督徒生命中所缺失的。我发现那些不明白圣经在圣灵方面的教导的人不是寥寥无几，而是有成千上万。如果你不了解灵里行走，其他的事情（包括你自己）就成了你生命的主宰，控制了你的生命。这是一种软弱无力的以门徒身份进行的行走，其结果必然是无果而终。其结果将是平凡人靠平凡的力量生活，而不是靠着圣灵的**非凡**力量生活。

为了弥补圣灵控制的缺失，我们寄希望于那些对我们基督徒行走以及事工的支持，例如：信仰方面的书籍，网络媒体，礼拜视频，畅销的节目，上教会，神学研究，善行，自助，以及事工研习。这些都不是坏事，在我们的门徒训练中，都可以为圣灵所用。但是它们都不能代替你每日对圣灵的依赖。

明确未来的道路：顺瓦普（SWAP）[6]

在接下去的这几页中，我们将简单而系统地为古老的灵里行走之路绘制清晰的路线图：每天被圣灵充满，并每时每刻生活在圣灵的力量和指引下。通过这种方法，你将毫无疑问地重新发现被我们这个时代遗忘的东西。

路线图将从圣经中摘取。我们将列出一个简单的框架，以便理解圣经中关于在灵里行走的原则和命令。我们将用简单的首字母缩略词SWAP（顺瓦普）将这些原则成四个大类，可以帮助你每天想起：你怎么连续不断地把你对自己的主宰换成神对你的主宰。以下是基本原则：

> 顺服（Surrender）祂的旨意和每一句话
> 在祷告中等候（Wait）神
> 避免（Avoid）罪恶，让神清除一切不义
> 追求（Pursue）圣灵的启示

S（surrender，顺服）：无条件地顺服神的旨意和祂的每一句话。学习在圣灵里行走的第一步是完全顺服于祂。你必须先把自我之水从你的生命酒囊中倒空，然后才能用圣灵之酒把它灌满。

W（wait，等候）：在祷告中等候神。圣经中描述了门徒在祷告中等候神之后，不断地被圣灵充满。为了让神在你身上从新充满圣灵，你必须等候祂。被圣灵充满常常发生在祷告中。

A（avoid，避免）：避免生命中的罪。圣灵是真正圣洁的，所以就必住在圣洁的器皿里。当你在祷告中等候神的时候，祂要清除你生命中的所有罪，使你的心成为一个祂的舒适，宜人的家。

---

[6] 英文SWAP，在本书中有两个意思，其一，交换，书中指交换自己的控制权给神，让神作为自己的主宰；其二，SWAP是由surrender（顺服），wait（等候），avoid（避免），pursue（追求）四个单词的第一个字母组成的缩略词，音意译为：顺瓦普，书中指一种灵里行走的方法，通过顺服，等候，避免犯罪，追求神的启示构成的灵修方法。——译注。

P (pursue，追求)：追求圣灵在充满你的时候所赐予你的启示。圣经上的门徒总是通过自己的反应以证明圣灵如何充满了他们。在这段关系中，圣灵会不断地提醒你该往哪里去，该想什么，该做什么，该说什么。祂会一直激励你为神的旨意而活。学习在圣灵里行走，就是学着时时刻刻都跟随祂的启示。这样，你就能常在主里面。

顺瓦普灵修过程的四个方面不一定要依次进行。这不是一个过程中的四个步骤，你可以按顺序做，也可以不按顺序做。实际上，它描述了四个圣经的活动或情境，神将用它们来帮助你被圣灵充满，最后在灵里行走。我的个人观点是，"顺服"，"等候"和"避免"同时发生，最终引发"追求"。

本书将逐章解释这四个要素，并指导你如何在生命中实践。早期的门徒明白这四项基本原则，并经常身体力行。然而，我们现在所处的环境大不一样，我们生活的世界有时似乎会被罪所笼罩。在社交媒体，科技，和似乎越来越不利于生活在信仰的社会氛围夹击下，我们的做工困难重重。但是，不管我们面临什么样的挑战，这些原则必须成为新一代信徒的第二天性。

摆正生命的姿态，去领受从神而来的恩典

四个圣经原则中的每一个都是属灵的训练或练习，以帮助你每天每时每刻把你的心交予神控制。这些训练可以帮助你摆正内心的姿态，以领受神的恩典。

顺瓦普灵修方式是灵里行走时属灵的姿态。

姿态帮助你在每天生活中完成某些目标。例如，躺下数羊的姿态可以帮助你体验睡眠的力量，很快入睡。

同样，属灵的训练帮助我们摆正内心的姿态，并与神产生互动。

顺瓦普灵修方法是一个简单的框架，可以帮助你理解那些尤其可以帮助你经常被圣灵从新充满并帮助你追随祂的指引的姿态。为了自己活得更像基督，为了人际关系及神人关系，为了神召你去做的善事，你在日常生活中需要神的大能。神拯救了你，让你在这个世界上有所作为。

圣灵的声音并非遥不可及。

圣灵的力量不应受到各种横拦竖挡。

顺瓦普灵修方法会让你对圣经中关于圣灵里行走的说法有一个简洁清晰的理解。就像锻炼肌肉会让它更强壮一样，每天学习顺瓦普灵修方法会让你学会与圣灵同步行走。开始时，自己会频繁地摆脱神的主宰，回归自己对自己的控制。但是，随着你锻炼你的顺瓦普肌肉越来越多，你维持神的主宰越来越长的时间，而非自己对自己的控制。

一起来吧！我们与来自世界各地神的运动的日渐增多的众多门徒一起，把对自己的控制权交给神，我们呼召你们与我们一起踏上古老的灵里行走之路。不管他们的背景是什么——基督徒，穆斯林，印度教徒，无神论者，佛教徒，万物有灵论者，后现代主义者——心灵破碎的人们正快乐地重新变得完整，并勇敢地拯救其他心灵破碎的人。这一切都是因为神这位伟大的得胜者，祂把我们从捆绑中解放出来，为了神在世界上的旨意而赋予我们力量。加入我们，每天采取这些姿态，你的生命将永远改变。

对所有人的呼吁

这本书不是为主流教派，福音派，神恩教派或天主教会的成员所写。不是为西方，亚洲或南半球基督教徒所写。不是为宣教士，牧师或新信徒所写。让我们忘掉这些名目繁多的标签吧。

这本书为耶稣的门徒所写。就这样。

我们**所有人**都必须学习这种称之为"灵里行走"的古老方法。

古人明白灵里行走的重要性。他们呼吁你加入这条古老的道路。

如今，神的运动中的与日俱增的众多门徒也呼吁你加入灵里行走。

古人教导亚洲人，亚洲人教导西方世界。

带上你的勇敢无畏的弟兄姐妹，来加入我们的队伍吧！

思考题

现在停下来，写下几个你认为愿意和你一起加入灵里行走之旅的朋友的名字。那些愿意敞开心扉接受圣经教导的朋友的名字。那些对你和彼此诚实的朋友的名字。那些要生命但是更要耶稣的朋友——或是有这种念头的朋友的名字。

_____

_____

_____

_____

今天就联系他们，邀请他们参加这次灵里行走之旅吧。帮助他们得到这本书，并一起学习如何一步一步按照书中推荐的步骤进入美妙的属灵之地；在那里，天堂的向导将引导你。每周读两到三章，然后聚在一起讨论，一起祷告，把书中的理论应用到你们的生命中。

第一章：
未知前路中的可知步骤

耶稣教导门徒向天父祷告这个简单的愿望：愿你的国降临；愿你的旨意行在地上，如同行在天上。（马太福音 6：10）

从其后的两千年里，耶稣的信徒们已经学会了这篇祷文，也就是主祷文。天父的愿望是祂的旨意可以完完全全统治我们的家园，我们的社区，我们的国家。祂想要人们内心臣服于祂，以此在世间每个地方掌至高无上的权。

每天，世界各地无数的门徒都在祷告，愿神的国完完全全降临。但当我们如此祷告时，我们是真心实意的吗？

在各个大洲，生命更新运动正在席卷社区，宣告战胜了被恶魔控制的生命。随着普通信徒回归到符合圣经的门徒身份的本质DNA，类似"使徒行传"的运动在人群和城市中爆发。当基督徒开始以一个信徒该有的方式生活时，他们在生活和事工中都感受到了圣灵的大能。只有体会到圣灵的大能后，门徒才真正成为门徒。但是，一个社区中神的国不会放任自流，听之任之，所以社区里面随着人口的增长，必须持之以恒地传福音。为了赶上社区人口增长的步骤，使徒行传中生命更新的力量必须不断出现。

无数耶稣追随者渴望在生活中战胜罪恶和环境，变得更像基督。然而，对许多人来说，这种生活方式仍然遥不可及。需要克服的种种沉疴痼疾依然存在。基督徒的成熟似乎还有很长一段路要走。个人的更新并不顺利，尽管这不是唯一的挑战。对许多人来说，社区，城市和族群的转变仍然是可望而不可及的。

尽管如此，类似于"使徒行传"的天国运动在全球范围内还是处于激增态势。如何与神同行来促进"天国的降临"（无论是在国内还是国外）才是当下的问题。我们怎样才能真正地使门徒和教会数量与日俱增？

第一章： 未知前路中的可知步骤

在个人和集体的转化过程中，有三个方面是必不可少的：（1）任何信徒都可以遵循的，以圣经为依据的**道路**或方法；（2）门徒训练的**过程**，为信徒提供成功行走在那些道路上的装备；（3）一种依赖圣灵赋予这个过程以力量的属灵姿态。无论是克服个人生命中沉疴痼疾，还是要促进门徒数量与日俱增，这三个方面都是必不可少的。然而，**获得成果斐然的生活方式或硕果累累的宣教事工的秘诀，不是主要凭着方法或过程，而是凭着圣灵。**

万军之耶和华说：不是倚靠势力，不是倚靠才能，乃是倚靠我的灵方能成事。

（撒迦利亚书4：6）

灵里行走。

许多虔诚的信徒都想要这条道路（一个使宣教事工和生活方式行之有效的工具）和这个过程（每周一次的，生命对生命的门徒训练模式），并想当然地假定他们自己和他们的团体的属灵深度和活力已经各就各位。

他们知道他们需要更强的责任感及目的性更强的结构，并常常想当然地假定这两者会解决这些问题：错误生活方式的牵绊，传福音的收获匮乏，肤浅的门徒训练，缺乏有意义的人际或者神人关系，以及急促而杂乱无序的群体倍增。换句话说，他们将方法，程序和模式视为核心。

这些成分对于真正的转变的确非常重要。

但是任何事情都不要想当然地假定。

永远不要想当然地假定属灵姿态已经就位，能够为这些方法注入活力。道路和过程应该有效，但如果没有神的权柄，所有的道路和过程都行不通。无论是在个人生命的转变上，还是在改变世界的计划上，只有灵里行走才可以为我们带来有效的策略。

有敬虔的外貌，却背了敬虔的实意；

（提摩太后书3：5）

从一开始，耶稣就这样定义祂自己的事工：主的灵**在我身上**，因为他用膏膏我，叫我传福音给贫穷的人；差遣我报告：被掳的得释放，瞎眼的得看见，叫那受压制的得自由，报告神悦纳人的禧年。

（路加福音 4：18 - 19，粗体字是重点）

耶稣希望信徒能清楚：神的灵和神的恩典是耶稣的生命和使命的特征。祂将自己形容为"披着圣灵的外衣，被圣灵遮盖，或洋溢着圣灵"。耶稣是一个穿着圣灵的人。祂以现身示范的做法告诉我们洗礼是什么样，祂也向门徒现身示范展示了由圣灵带领下的每日行走是什么样子的。

与祂那个时代墨守律法的宗教领袖不同，耶稣不仅仅是坚持某种形式的敬虔。祂有自己的权柄。自始至终，祂都体现了灵里行走。

两千年后，古老的灵修道路一如往昔。我们必须放弃所有律法主义或以人为本的宗教变种或事工，因为它们只强调形式和模式，而不强调神的大能。

使徒行传的转折点

经过三年的亲自塑造，耶稣给了祂的追随者一个明确的命令，以指引他们如何继续祂的使命。除了嘱咐他们要给人们施洗，使他们成为门徒，并教导他们遵守祂所吩咐的一切（马太福音 28：18-20），祂还劝勉他们，在他们领受到上头来的能力之前，不要开始这一过程。

你们就是这些事的见证。我要将我父所应许的降在你们身上，**你们要在城里等候，直到你们领受从上头来的能力。**

（路加福音 24：48 - 49，粗体字是重点）

但圣灵降临在你们身上，**你们就必得着能力**，并要在耶路撒冷，犹太全地，和撒马利亚，直到地极，作我的见证。

（使徒行传 1：8，粗体字是重点）

祂让信徒们走上圣灵里行走这条古道。使徒与耶稣在世上的三年里，他们经常领会不到耶稣的话语的精髓或浪费事工的机会。但在使徒行传的第二章五旬节那天，他们的属灵态度改变了。圣灵的充满（以及圣灵的反复充满）是门徒生命和事工的转折点。

在过去的二十年里，我带领世界各地的信徒深入研究保罗的旅程，以他为榜样，并将他的这些原则应用于我们的事工。无一例外的，最主要的观察结果是：虽然保罗对事工和强大的门徒训练过程有清晰的道路，但他是被圣灵引导的。保罗知道该做什么，但圣灵告诉他该在哪里做，和谁一起做，用谁的力量做。

> **圣灵既然禁止**他们在亚细亚讲道，他们就经过弗吕家，加拉太一带地方。到了每西亚的边界，他们想要往庇推尼去，**耶稣的灵却不许**。他们就越过每西亚，下到特罗亚去。在夜间有异象现与保罗。有一个马其顿人站着求他说："请你过到马其顿来帮助我们。"保罗既看见这异象，我们随即想要往马其顿去，以为神召我们传福音给那里的人听。

（使徒行传 16：6 - 10，粗体字是重点）

我们传扬他，是用诸般的智慧，劝戒各人，教导各人，要把各人在基督里完完全全地引到神面前。我也为此劳苦，**照着他在我里面运用的大能尽心竭力**。

（歌罗西书 1：28 - 29，粗体字是重点）

保罗和他的团队就是过着耶稣所预言的生活：在圣灵中行走。前路虽未知，但步骤却是可知的。

风随着意思吹，你听见风的响声，却不晓得从哪里来，往哪里去；凡从圣灵生的，也是如此。

（约翰福音 3：8）

记住，在希腊语中，"风"和"圣灵"是同一个词。正如我们不能预测风的方向，我们也不能预测神在我们实施祂的道的原则时要把我们带到哪里去。

当我们遵循神所预备的道路，而不是那些我们试图走自己创造的道路时，林林总总的突破和运动才会出现。无论我们发展了多少门徒，或发起了多少团体，到了某一时刻，如果祂没有完全主宰我们，我们就会停滞不前。若圣灵没有把我们指引祂所预备的百姓那里去，我们的宣教事工只能是竹篮打水一场空。你可以有一个完美的榜样来传福音，增加门徒，但如果你找不到祂所预备的百姓，你的成果还是会寥寥无几。你可能会成功发展一些信徒归顺基督，但你却找不到那些能让更多人获得拯救的关键人物，例如撒马利亚妇人，哥尼流和腓立比的狱卒。

如果你愿意的话，祂的灵会在你的生命中吹拂，会为你打开一扇又一扇门，会让你的生命发生真正的更新。你要做的就是顺从祂的旨意和赋权。我们必须相信，每一次奇迹般的人生转变的关键不是我们自己。如果你被个人的不足麻痹，或者被骄傲束缚，有一个简单的解决办法，就是把注意力从自己身上转回到神身上。祂的工从来不是依赖你，而是依赖祂。当你顺服于祂在你里面的灵时，祂才爱使用你。

亚波罗算什么？保罗算什么？无非是执事，照主所赐给他们各人的，引导你们相信。我栽种了，亚波罗浇灌了，惟有神叫他生长。可见栽种的，算不得什么，浇灌的，也算不得什么；只在那叫他生长的神。

（哥林多前书3：5-7）

祂的灵也在环绕在你周围，以感染你的身边人，开启他们的心扉。你的工作不是预备周围人的心，而是要找到那群已经被神打开心扉的人，使他们归化为信徒，让他们知道他们可以走的路，让他们去带领其他的新门徒沿着这条路走下去。圣灵是住在你心里的导师，教导你变成基督的模样，那些心扉被神打开的人也是如此。你有责任信靠住在他们里面的神的灵，并帮助他们回应神。

史上每一次大觉醒的转折点

正如使徒行传的重点是圣灵的充满，圣灵的引导和圣灵的赋权一样，历史上的每一次复兴和大觉醒也都是如此。各地的教会都在呼求：我们的世界需要新的觉醒。我们祈求觉醒，却忽视了这个奇迹出现所必需的核心要素。

历史上这些运动的一个主要特点是：神的灵以神的道为基础，毫无保留地向神的子民倾泻而出。我们如何回到这种现象？虽然种种宣教运动显然都是神的做工，但一些基本的方式可以让神的子民与神合作，从而促进各种宣教运动的开展。

帆船的帆不能推动它前进，推动帆船前进的只有风。然而，一个聪明的水手知道扬起风帆，这样当风吹来的时候，船就能向前航行。当风吹来的时候，水手知道要调整风帆，使船随着风向的变化而移动。

历史上的觉醒常常发生在神的子民以一种回应圣灵的方式谦卑自己的时候。他们扬起生命的风帆，召唤圣灵之风吹起。

在英国和美国的一次觉醒（始于十九世纪 30 年代）中，成千上万的复兴祷告团体被圣灵的力量所浸润。1858 年，在美国的复兴时期，靠近美国港口的船只仿佛驶进了"天堂影响区"。

一艘艘船接二连三地驶来，都发生了同样的故事：船上的人们信念突然坚定起来，然后义无反顾地皈依基督教。在一艘船上，有一位船长和他的三十名船员在海上发现了基督，然后他们兴高采烈地进了港口。北卡罗来纳号战舰上，四名基督徒在船的内室聚集祷告，这四名基督徒的祷告在这艘战舰上引发了教会复兴。一天晚上，他们被圣灵充满，放声歌唱。不信神的船友们下来嘲笑神，结果被神的大能紧紧控制住。[7]

1904 年至 1905 年的**威尔士复兴**带领十万人进入了神的天国。它的特点是：当普通信徒向神顺服时，神的灵会异乎寻常地溢出到他们身上。

---

[7] 阿瑟·沃利斯，《在你的力量之日：复兴的属灵原则》（伦敦：基督教文献传道会，1956），77 页。Arthur Wallis, *In the Day of Thy Power: The Spiritual Principles of Revival* (London: Christian Literature Crusade, 1956), 77.

在著名的山东大复兴（1927-1937）中，南方浸信会宣教士们（在神学他们根本不是五旬节派），通过忏悔自己并顺服于神的旨意而经历了真正的觉醒，从而进入了一个对罪的极端定罪的时代。神的灵重新倾注在他们身上。这一运动席卷了宣教士群体和中国教会，为中国近代基督教运动铺平了道路。

今天，世界各地的宣教运动继续席卷各个国家和各个族群。在每一个宣教运动中，神的灵赋予信徒权柄，使信徒活出门徒的本质，使门徒造就能培养新门徒的门徒，并建立了类似使徒行传第二章中那样的教会。在这样的教会里，门徒对神的崇拜达到了白热化的程度。圣灵的丰满能够成就宣教运动，除此之外，宣教运动无法成功。我们必须每天在灵里行走。这一直是第一行动方案。

消除担忧

我们都听说过，当人们说他们被圣灵充满时，会有一些稀奇古怪的事情发生：像狗一样狂吠，像鬣狗一样大笑，在地板上打滚，等等。但真正的，符合圣经原则的灵里行走却恰恰相反。仔细研读圣经将帮助你实现灵里行走，不用担心会有上面描述的稀奇古怪的事情发生。既然圣灵是耶稣的灵（使徒行传16：7），你就不会变得怪里怪气。相反，你会变得像耶稣一样。如果你从心里明白圣经，所有的担忧就会烟消云散，取而代之的是：你会知道并且明了灵里行走。

一位事工的弟兄向我描述了他在一个信仰圣经的教会里长大的经历。从功能上讲，他的教会对三位一体的看法是圣父，圣子和圣经。他从来没有受过有关圣灵的教导，更不用说如何被圣灵充满了。

当我还是个孩子的时候，我相信圣灵，但是我害怕那些被称之为"灵"的东西。随着年龄的增长，我对神的道越来越渴望，我在印象中认为"被圣灵充满"是只有五旬节派才会做的事。世界各地许多相信圣经的基督徒，因惧怕所听见的种种稀奇古怪的事情，以致不能在圣灵里行走，这是多么可悲啊！**我们放任五旬节派的种种极端和神恩教派的种种放肆行为剥夺了我们在圣灵里行走的喜乐和力量。**

第一章： 未知前路中的可知步骤　　33

　　许多五旬节派的弟兄姐妹跌入另一个陷阱，有时他们依赖一次性或偶然的充满大能的体验，而不是持续在圣灵里行走。

　　其他基督的追随者没有勇气走这条灵里行走之路，因为他们害怕自己会成为"神秘主义者"：神秘主义者不是活在圣经的永恒真理中，而是活在神神秘秘的印象和启示中。他们担心他们必须采取奇怪的姿势和训练，而这些会使他们受到东方神秘主义等恶魔的影响。

　　担忧和误解蒙蔽了我们，使我们看不见圣经中对圣灵里行走的清晰指示。因此，数以百万计的基督徒过着失败的生活——在战胜罪恶上失败，在人际关系神人关系上失败，在教会生活中失败，在个人事工上失败。只有在圣灵里行走才能改变这一切，才能使神的国度如降临天堂一样降临人间。

　　灵里行走就是让圣灵每天成为你生命，事工，教会和组织的引导力量。**这本书试图描述和规定一条符合圣经的道路，让我们每天每时每刻都在丰富的圣灵中行走。仅此而已。**

　　如果我们真的是圣经的子民，我们就应该按照圣经的原则被圣灵所充满。道听途说和经验无法为圣灵里行走提供指导。只有圣经可以。

你内心兴起神的运动及通过你兴起神的运动的关键

一位伟大而虔诚的宣教领袖注意到过去五十年来宣教士群体的变化。作为一个老年人，近年来他在一个培训中心上花了很多时间，以培育宣教士，服务神。他说："五十年前，当我还是一个年轻的宣教士时，我遇到了许多圣灵上的巨人。但当涉及到神国运动时，我们是方法论上的侏儒。"

　　但在经历了五十年的变迁后，他说："现在，我遇到了很多年轻的宣教士，他们是方法论上的巨人，却是圣灵上的侏儒。"

　　方法论上的巨人和圣灵上的巨人，哪个更重要？如果我们只能成为其中一个，让我们成为圣灵上的巨人吧。但是我们不能同时成为方法论和圣灵上的巨人吗？在门徒造就者，植堂者，牧师和宣教士当中有一种趋势，就是在他们在宣教事工中越来越注重方法。

在我们与耶稣同行的路上，书店里到处都是介绍"五个简单的步骤搞定……"的书。那些新信徒能够实践的，简单，可重复的方法，对于个人敬虔和神的运动拓展到我们周围是至关重要的。但是**如果没有圣灵，所谓的方法都是没有灵魂的行尸走肉。**

要想神在我们里面，并借着我们成就大工，是没有捷径可走的。若没有圣灵的丰满，就没有长久的硕果累累。本书有三章聚焦住在基督里并被圣灵充满，其中都可以发现下面的一节经文：

不是你们拣选了我，是我拣选了你们，并且分派你们去结果子，叫你们的果子常存，使你们奉我的名，无论向父求什么，他就赐给你们。

（约翰福音15：16）

在约翰福音的二十一章中，有三章是关于圣灵住在里面（约翰福音14-16章）。约翰福音的15%的主题是关于活在圣灵里！耶稣被钉死在十字架上之前，祂在楼上与门徒的最后一次谈话主要是关于圣灵的降临和圣灵对他们生活的影响。

耶稣本可以专注于祂为门徒现身示范所建立的方法和过程。祂本可以列个清单，检查一下行动项目。但是，耶稣没有这么做。恰恰相反，祂向门徒们描述了依赖即将来临的圣灵的极端重要性，以及这种圣灵与人之间的关系将结出的果子。

我实实在在地告诉你们，我所做的事，信我的人也要做，并且要做比这更大的事，因为我往父那里去。……我要求父，父就另外赐给你们一位保惠师，叫他永远与你们同在，就是真理的圣灵，乃世人不能接受的；因为不见他，也不认识他。你们却认识他，因**他常与你们同在，也要在你们里面。**

（约翰福音14：12，16 – 17，粗体字是重点）

父要在我们每一个人里面，并藉着我们每一个人，成就大事。然而，这事若没有圣灵这位保惠师的帮助，就不能成就。我们若不培养祂住在我们里面，以各样的方式充满我们的生命，我们就不能在个人生命和事工上结出累累硕果。

我桌上有一幅漂亮的书法，是我妻子送给我的，用来提醒我力量从何而来，荣耀应该归于谁。

万军之耶和华说：不是倚靠势力，不是倚靠才能，乃是倚靠我的灵方能成事。

（撒迦利亚书 4：6）

几年前，主明确告诉我，永远不要想当然地假定耶稣追随者有属灵的活力。主不准我在没有在顺服的生命中强调神的威严和圣灵的大能的情况下去训练门徒，以求倍增门徒和教会。今天，我也学会了不做任何想当然的假设。

圣灵住在你里面，但祂住得充充满满吗？
伯莎·史密斯小姐曾是山东大复兴时期在华的宣教士。在她生命的最后几年，她常在得克萨斯州沃斯堡西南浸信会神学院的各个走廊，过道，门厅漫步。她试图把复兴的精神传递给她周围的学生。她经常追着学生，问一个简单的问题："今天你被圣灵充满了吗？"

坦率地说，这样的问题会让人有点尴尬，就像伯莎小姐站在你面前，用手指指着你的胸膛提问。这可能是一个让你畏缩的问题，但真理往往扎根于你的不适。让自己处于那种不舒服的状态，是真正让自己对每一天负责的唯一方法。

这是我们大家都必须面对的问题。问题不是"你曾被圣灵充满过吗？"，而是"今天，你被圣灵充满了吗？"

昨天圣灵充满不能保证你今天还是圣灵充满。过去经历了圣灵充满，其影响不一定会持续到今天。昨天的情况怎么样不能保证今天的情况还是怎么样。

灵里行走需要你每天顺服。下面这个基础巩固了灵里行走的一个正确神学观念：你们信了基督之日，就是被圣灵盖上印记之时。

你们既听见真理的道，就是那叫你们得救的福音，也信了基督，既然信他，就受了所应许的圣灵为印记。

（以弗所书 1：13）

印记意味着永恒和承诺。如果你信靠基督是你的主和救主，神就立你作祂的儿女。你是一个崭新的你，过去的你已经不在了。新的你已经来了（如果有人在基督里，他就是新造的人，旧事已经过去，你看，都变成新的了！哥林多后书 5：17，新译本）。圣灵已在你的生活中有了一席之地。你永远被圣灵打上了印记，祂应许永不离开你。但是记住，被打上印记并不意味着被圣灵充满。过去的充满并不意味着今天的充满。圣灵的充满是一种重复的，持续的信仰之旅，我们必须用一生的时间来培养造就自己。

耶稣藉着祂的灵到我们这里来，叫我们永不孤单，永不成为孤儿：

我总不撇下你，也不丢弃你。

（希伯来书 13：5）

我不撇下你们为孤儿，我必到你们这里来。

（约翰福音 14：18）

圣经中对基督徒最常见的描述之一就是我们"在基督里"：

如今，那些在基督耶稣里的就不定罪了。

（罗马书 8：1）

这段描述的内涵丰富，其中部分内涵在于：你的生命现在与基督结合，你的属灵生命隐藏在祂里面，被祂保护，并被祂赋予权力。你属于基督。你不再是你自己的了。每一个信徒的身体里都一定有圣灵。你领受圣灵发生在你信靠基督之时，而不是信靠基督后过了很长时间才领受圣灵。

> 如果神的灵住在你们心里，你们就不属肉体，乃属圣灵了。人若没有基督的灵，就不是属基督的。基督若在你们心里，身体就因罪而死，心灵却因义而活。
>
> （罗马书 8：9－10）

在得救的过程中，你领受了永不会离开你的圣灵。但这与每时每刻被圣灵充满并让祂主宰你在你里面掌权并不是一回事。

在五旬节以前，没有圣灵住在耶稣的门徒心里。他们无法每时每刻在内在的圣灵的指引和权柄之中行走。在五旬节以前，他们似乎有时会错过事奉的机会，甚至会回到某些过去没有信主之前的做法。

但是在五旬节之后，由于圣灵的充满，所有的方程式都改变了。他们仍旧照着耶稣所教训他们的方法行事，却结出了更大的果子。彼得和约翰很可能每天在祷告的时候去圣殿。但在使徒行传第三章，他们领受了圣灵的大能，就看见一个瘸腿的人坐在门旁——这个人很可能早就坐在那里很久了，但是没有领受圣灵前，他们从这个瘸腿的人跟前走过很多次，却始终视而不见。在圣灵充满之后，圣灵的雷达在他们的生命中变得很强大，他们就注意了这个瘸腿的人了，就因著信救了他。结果，很多人认为这个行为在耶路撒冷引发了一场萌芽运动。

充盈的圣灵，总是在顺服的门徒身上结出果子。即使是全职的基督徒工人也需要不断地回到圣灵中行走的这些基本要素上。

虽然在圣灵里行走不能保证出现类似使徒行传中出现的神的运动，但如果没有在圣灵里行走，神的运动是不会进入你里面，也不会依靠你而发生。因为圣灵是神（而我们不是），祂将带领我们走向我们从未想过的那些方向。但那些方向都将与祂的道——圣经——是一致的。

> 风随着意思吹，你听见风的响声，却不晓得从哪里来，往哪里去；凡从圣灵生的，也是如此。
>
> （约翰福音 3：8）

圣经中清楚地教导了我们如何顺服于圣灵,以便祂每天引导我们到祂所带领的地方去。

这本书将引导你进入顺服的生活。它概述了在未知道路中那些可预测的,以圣经为基础的步骤!除了被圣灵充满,我们没有捷径可走。

> **思考题**
>
> 1. 是什么恐惧或误解使你不能完全接受圣灵的引导?本章如何改变了你的理解?
>
> 2. 如果你相信基督是你的救主,圣灵就住在你里面。你认为祂有没有把你充满(第一次还是第五十一次)?
>
> 3. 昨天的被圣灵充满并不能保证今天也被圣灵充满,你今天是否被圣灵充满了呢?你愿意被圣灵充满吗?
>
> 4. 今天你可以采取哪些步骤来开始在圣灵里行走?(建议:现在就为你能有勇气走上这条路而祷告吧!)

# 第二章：灵里行走

虽然圣经为我们提供了灵里行走时可以预知的方法——顺服于祂的引导，但是，灵里行走之路依然是不可预测的。灵里行走到底是什么样的呢？虽然我们知道"灵里行走"这个概念，但这到底是什么意思呢？

想要解答这个问题，首先我们要明白的是：圣灵是谁。

充满什么？被谁充满？

当我们说想被圣灵充满的时候，我们说这话时是被什么充满了呢？

圣灵不是《星球大战》中宇宙的力量。圣灵不是可以引导的力量。

作为你的属灵向导，圣灵不是低层次的灵。

圣灵是全能的神。祂与圣父，圣子同为神的位格之一。

圣灵是有生命的人，而不是没有人情味的力量。圣灵是"他"，而不是"它"。

这个细节是关键。记住圣灵是一个人，是学会如何在丰满的灵中行走的关键。你必须记住这是一种关系，你必须像对待跟其他人的关系一样对待这种与圣灵的关系。

如果记住圣灵在本质上是耶稣的灵，也许把握起来就更容易些。在约翰福音 14 章中，耶稣应许在其升天后以圣灵的形式回到门徒那里。

在新约中，圣灵有两次被称为"耶稣的灵"[8] 到了每西亚的边界，他们想要往庇推尼去，**耶稣的灵却不许。**

（使徒行传 16：7，粗体字是重点）

---

[8] 圣经和合本中提及耶稣的灵还有下列两处：1. 如果神的灵住在你们心里，你们就不属肉体，乃属圣灵了。人若没有基督的灵，就不是属基督的。罗马书 8:9；2. 就是考察在他们心里基督的灵，预先证明基督受苦难，后来得荣耀，是指着什么时候，并怎样的时候。彼得前书 1:11。现代中文版等版本同样也出现了以上四处提及耶稣的灵——译注。

因为我知道，这事借着你们的祈祷和**耶稣基督之灵**的帮助，终必叫我得救。

（腓立比书1：19，粗体字是重点）

虽然有些信徒对圣灵有不同看法，但他们喜欢耶稣这个人。我们大多数人都希望能和耶稣本人泡在一起。你能想象和耶稣坐在一个房间里是什么感觉吗？和耶稣一起吃饭又是什么感觉？有什么问题想要问他时又是什么感觉吗？我们非常羡慕那些与耶稣同吃同住三年的门徒，他们和耶稣泡在一起，亲密无间。

然而，圣灵代表耶稣以灵的形式降临到我们每一个人。祂把耶稣本人带到我们面前，就像我们能看见耶稣本人站在我们眼前一样。祂是我们每个人生命中的耶稣的灵。你没有必要害怕圣灵，因为祂就像耶稣一样。把害怕从你的头脑中赶出去吧！当你在圣灵里行走的时候，你将彰显耶稣的属灵品格和耶稣的果子。圣灵要做的就是充满你，引导你，使你成为一个完全像基督的人。

虽然你们在基督里，但基督希望可以完全在你们里面。

神愿意叫他们知道，这奥秘在外邦人中有何等丰盛的荣耀，就是基督在你们心里成了有荣耀的盼望。我们传扬他，是用诸般的智慧，劝戒各人，教导各人，要把各人在基督里完完全全地引到神面前。我也为此劳苦，照着他在我里面运用的大能尽心竭力。

（歌罗西书1：27-29）

圣灵就是耶稣与你同在：住在你里面，并与你同行。三位一体的第三位是圣灵，祂是圣父和圣子的代表。祂来到我们身边，与我们同行，就像耶稣与祂的门徒在肉体上同行一样。不要从圣灵那里跑开，而要跑到祂那里，正如你会跑到耶稣的怀里一样。

被圣灵充满到底意味着什么？

有圣灵在你里面，并不意味着你已经被圣灵充满。祂可以住在你里面，但不一定会充满你。居住和充满是同一关系的两个不同方面。基督在你们里面，但祂完完全全拥有你了吗？

在每一种语言中，术语和短语都有隐含的意义——有时是积极的，有时是消极的。例如，"被圣灵充满的基督徒"这个短语会让你产生某些想法。通常，这个短语用来描述在传统的五旬节神学中，被圣灵"第二次祝福"的人。这时，这个短语就是一个符号或宗教标签。

"被圣灵充满"这个短语已经变得如此普遍，甚至成为陈词滥调。我们想当然地假定人们都知道这个短语的意思，而且他们（或是你）常常羞于询问这个短语究竟意味着什么。其他描述基督徒生活的圣经术语可以帮助阐明这个短语的含义。

圣经用三个平行的术语来描述同样的经历：

住在基督里
= 被圣灵充满
= 让基督的道丰丰富富地住在你里面

理解这三个短语将帮助你理解"被圣灵充满"这句话的完整含义。

住在基督里

耶稣和门徒在楼上吃最后的晚餐时，祂教导门徒：圣灵会作为他们的保惠师降临。在约翰福音14章和16章，耶稣明确地提到圣灵。在这两章间的第15章，祂把故事的主角从保惠师转移到祂自己身上。祂说自己是真葡萄树，每一个门徒都是枝干，要常在祂里面，祂也会常在门徒里面。

你们要常在我里面，我也常在你们里面。枝子若不常在葡萄树上，自己就不能结果子；你们若不常在我里面，也是这样。我是葡萄树，你们是枝子。常在我里面的，我也常在他里面，这人就多结果子；因为离了我，你们就不能做什么。……你们若常在我里面，我的话也常在你们里面，凡你们所愿意的，祈求，就给你们成就。你们多结果子，我父就因此得荣耀，你们也就是我的门徒了。

（约翰福音 15：4-5，7-8，粗体字是重点）

"住在"（abide）这个词的意思是"停留在"，"居在"，"住在"。在希腊语中，它的意思是"留在一个地方"，比喻义为"留在一个范围内"。耶稣说得很清楚，门徒必须完全活在祂里面，活在能赐予人生命的大能里；这种大能也是源自耶稣的。如果不保持这个姿态，他们结不出任何果子。

耶稣是我们必须生活的范围。我们能变成的和能产生的唯一永恒的东西，都来自于我们去做祂所做之事。如果不是圣灵将能赐予他人生命的汁液流淌在我们心中，我们内心不会发生大的改变，在我们的事工上也不会出现伟大的事迹。

在约翰福音 15：7，耶稣说得很清楚：作为门徒，我们是知道我们是不是住在祂里面，祂的道是不是完完全全住在我们里面。当祂的道充满我们的内心并主宰我们的时候，我们就靠祂的带领而活。**我们活在基督里并且祂的道也活在我们里面，这就是圣灵充满我们，引导我们的本质。**为什么？因为圣灵就是耶稣的灵。

正如约翰福音 15 所说的那样，我们要像葡萄树一样常在主里面。这种愿望通过约翰福音 14 和 16 住在祂（保惠师，或者说是圣灵）里面变成了现实。耶稣是葡萄树。我们的生命必须嫁接在祂身上，只有祂的道才能赐给我们生命。任何离开耶稣去追求圣灵存在，或者想投机取巧半道上嫁接到耶稣这棵葡萄树上的人，都会是徒劳无功的，垂头丧气的。祂的汁液流过我们，就像圣灵用祂的道充满我们。

被圣灵充满

被圣灵充满是在另一种描述住在主里的方法。在以弗所书 5 中，有一段最为人所熟悉的关于被圣灵充满的话：

不要醉酒，酒能使人放荡；**乃要被圣灵充满**。当用诗章，颂词，灵歌彼此对说，口唱心和地赞美主。 凡事要奉我们主耶稣基督的名常常感谢父神。 又当存敬畏基督的心，彼此顺服。

（以弗所书 5: 18 – 21，粗体字是重点）

耶稣用了葡萄树和枝子的比喻，而保罗则用另一个比喻来形容同样的属灵真理：器皿或者酒囊的比喻。保罗解释说，我们的思想受到某种东西的影响。是烈酒（葡萄酒）还是灵？

有些东西总是控制着我们，充满着我们。问题是：什么在充满我们。一个人的思想可以被很多东西控制，例如他自私的意志，其他人，一种意识形态，恶魔的力量，或是圣灵。或许很难相信，但我们有能力选择让哪个东西来充满我们的内心，虽然这并不会自然而然地发生。我们必须为之努力。

假设你想把水瓶里装满纯红葡萄酒。要做到这一点，你必须清空瓶子目前所充满的东西——水。只有瓶子倒空了，然后你才能把它装满葡萄酒。

同样，保罗说，我们必须被正确的东西充满。决不能受错误事物的影响。例如，妨碍我们判断的酒精就不应该被滥用。相反，我们必须被纯粹的圣灵充满，并受祂的影响。保罗描述了和耶稣所述一样的现实。当我们让圣灵充满我们的时候，我们才能藉着圣灵被神和神的道完全控制。

让基督的道丰丰富富地住在你里面

第三个比喻与前两个比喻相似，是关于基督完完全全住在我们里面。现在这个比喻变成了房子。在这所房子里，基督的话语充满了每一个房间。

歌罗西书第 3 章中关于房子的比喻与以弗所书第 5 章中酒囊的比喻类似。两者都以不同的命令开始，但以相似的结果结束。

每一个行动的结果几乎相同：在诗篇，颂词和灵歌中彼此交谈；凡事感谢神；彼此顺服。如果你只看表格底部（结果），你会认为这几乎是相同的段落。但是那些命令和故事的起点在表面上是不同的。在以弗所书中，命令我们要被圣灵充满。在歌罗西书中，命令我们把基督的道丰丰富富地住在心里。

这两个命令描述了相同的现实。他们只是使用了不同的比喻：一个是装着正确的物质的**酒囊**，一个是住着正确的居住者的**房子**。被圣灵充满以及让基督的道住在我们里面没有什么不同。我们生命中的每一个房间都向祂和祂的道敞开。没有一个角落是禁区。

如果有一些房间被锁起来，不为神的道所控制，那么耶稣并没有完完全全住在我们里面。这样的话，祂只是一个享有有限居住权的房客。我们仍然掌握着房子的钥匙和对生命的控制权。我们仍是房子的主人。

例如，你可以向耶稣顺服，让祂成为你敬拜时刻的主。你可以把闹钟设为比平时早30分钟起床，在上班或上学前读圣经并祷告。这样，你就已经开始把生命的一部分交给祂控制。

但是，如果你只在生命中敬拜时才听神的话，祂仍然只是一个享有有限居住权的房客。如果你选择卷入一段不健康的，不荣耀神的关系中，如果你允许自己产生悖逆的想法，如果你只在地上积攒财宝或说了贬低人的话，圣灵都不会常住在你心中的那个房间。

所以，在你静修的时候，你怀着美好的愿望开始了新的一天——聆听神的声音，真诚地寻求祂——但你却把圣灵留在了你生命的那个角落。一天刚开始时，你住在基督里面，但很快在这天的其余时间里，你就不再住在基督里面了。

若是这样，你就没有被圣灵充满了。因为神的道并没有主宰你生命的方方面面。

我们的思想和心灵必须完全浸润在耶稣的话语里面，只有这样，祂的话语主宰我们，而不是我们自己的想法主宰我们自己。只有当我们生命中的每一个房间都欢迎祂进来时，这才会发生。

因此，以下三个概念来很好地描述圣灵里行走：

彻底扎根于葡萄树
= 让心灵的酒囊只受圣灵的影响
= 让耶稣和祂的道能够自由地进入你生命的每一个房间

如果你在谈论"被圣灵充满"时感到不舒服,请记住"被圣灵充满"和"住在基督里面"是一样的,"被圣灵充满"和"让基督的道完完全全住在你里面"也是一样的。

我们必须纠正我们对灵里行走的误解。当有人用"被圣灵充满"这个短语来指种种耸人听闻的经历时,他们是在误用,并误解了这个短语。我们有责任温和地提醒那些不正确使用这个短语的人,这个短语是指"影响你日常行走的那些经历"。灵里行走是贯彻全天的生活方式,灵里行走要每周七天,每天二十四小时持续进行。只有清楚地表明我们的看法,积极地纠正他们,对赐予生命的圣灵的文化概念误解才有望改变。

与圣灵同步而行

灵里行走是我们与圣灵之间持续不断的关系。这段关系的目标不是一次性的体验,而是希望祂每时每刻都能充满你并引导你。

圣经用另外一个非常易懂的比喻来解释这个过程:在向导的带领下走在路上。

> 所以我说:你们应当顺着圣灵行走,这样就绝不会去满足肉体的欲望了;因为肉体的欲望与圣灵对立,圣灵也与肉体对立。这两者彼此反对,使你们不能做自己所愿意做的。但如果你们被圣灵带领,就不在律法之下了。…… 我们既然藉着圣灵而活,就让我们靠着圣灵行走。
>
> (加拉太书 5:16-18,25,中文标准译本)

想象一下,你正在穿越未知的山脉,朝着一个最终的目的地进发。你从来没有走过这条路,但一位著名的向导(比如丹尼尔·布恩[9])提出带你进行为期几个月的旅行。但想让他这么做,有一个条件:不管这条路看起来多么危险,你要跟随他的脚步,你都要跟得上他。

---

[9] 丹尼尔·布恩(1734-1820),美国历史上最著名的探险家和拓荒者之一,他在坎伯兰峡谷开辟了一条道路,从而提供了通往美国西部边疆的通道。——译注。

不管你有什么疑虑，你都要放下疑虑，顺服于他的智慧。他告诉你要把你的脚一点不差地踏在他的脚印上。如果你跟上这位开拓者的步伐，你就会找到路，平平安安抵达目的地。

　　住在基督里面，被圣灵充满，让基督的道丰丰富富地住在你里面，三个说法其实描述的是同样的经历：与圣灵同步而行，因为圣灵是我们天上的向导。

　　这就是在灵里行走。你的灵性之路是未知的，但如果你愿意信靠圣灵，圣灵会引导你的每一步。新约全书最初语言里圣灵众多名字中的一个名字（Paraclete 护慰者，安慰者，辩护者；见约翰福音14：16：我要求父，父就另外赐给你们一位保惠师……；14：26 但保惠师，就是父因我的名所要差来的圣灵，他要将一切的事指教你们，并且要叫你们想起我对你们所说的一切话。）的意思很简单：与你同行，帮助你的人。祂是你的中保，向导和保惠师。祂希望来到你身边，为每种情况提供所需的指导和帮助。

　　回到我们对荒野开拓者的描述。你和他一起旅行了好几天，感觉你已经掌握了徒步穿越荒野的窍门。即便如此，我还是担心你会犯这样的错误：

　　日出时醒来，围着营火煮咖啡，质疑当天向导规划的路线，然后自以为是，独自上路。这是非常愚蠢的。

　　然而，在住在基督里并且被圣灵引领方面，我们犯过多少次类似的错误呢？是多久一次呢？每天，我们喜欢与神安静地在一起静修，以此开启每天的生活，这种生活非常惬意——至少比那些不与神一起静修的人要好。我们端着咖啡杯坐下来，读圣经，邀请神重新进入我们的生命，并向祂寻求智慧和当天的帮助。但随后，我们把神的主宰与神的同在留在静修椅子上，抽身而退，在当天余下的时间里，自行其是了。

　　拥有静修的时间并不意味着你住在基督里。

　　在每天开始的时候被天国的向导[10]指引，并不意味着你将在当天的其余时间里都被祂指引。

10　圣灵才是我们真正的天国向导。

如果你愿意去重视那段荒野之路的比喻，这将帮助你理解被圣灵引导的意义。让天国完全进入你的生命并围绕你的唯一的方法，就是让圣灵这位天国向导一步步地带领你前进。

加拉太书5：25说，我们靠圣灵得生。换句话说，我们新的属灵生命是由圣灵创造的。是祂让我们变成新造的人。圣灵住在我们里面。我们从不怀疑这一点。

但问题是我们是否与圣灵的领导保持步调一致。

> 我们若是靠圣灵得生，就当靠圣灵行事。
> （加拉太书5：25）

耶稣承诺永远不会离开你，但这并不自动地意味着祂在引导你的生活。回到我们的荒野之旅。你能想象离开野外的篝火，离开几百英里以外的任何已知的地标，独自闯入你从未见过的领域吗？想象一下向导跟在你后面，而不是你跟在他后面。虽然他没有抛弃你，但他允许你做出自己的选择。你可能选择了错误的道路，他强烈要求你不要这样做。然而，最终决定权在你手中。

在这一点上，谁走在前面引导呢？是你，而不是向导。

在圣灵里行走时，你每天真正被谁引导？

在灵里行走，神引导我们。我们遵循指令。而不是反过来。

我们必须学会跟上祂的领导方式。

结出果子变得易如反掌

圣灵所结的果子，就是仁爱，喜乐，和平，忍耐，恩慈，良善，信实，温柔，节制。这样的事没有律法禁止。

（加拉太书5：22–23）

我们常常追求圣灵所结的果子：仁爱，喜乐，和平，忍耐，恩慈，良善，信实，温柔，节制。

我们想要更多的仁爱，更多的喜乐，更多的和平，更多的节制。

我们追求果子，却忽略了果子的源头。不从源头开始，怎么能结出果子呢？

没有结果子的植物，怎能结果子呢？圣灵的果子是圣灵控制你生命的结果。如果你想要果子，你必须获取源头。追求无源的果实是徒劳无功的，令人沮丧。

当你让圣灵充满你的时候，果子自然就会在你的生活中出现。

如果你想要更多的**仁爱**，就要被圣灵充满。

如果你想要更强的**忍耐**，就要被圣灵充满。

每天学习把自己钉在十字架上，让基督完全住在你里面。然后，你将结出仁爱，喜乐，和平，忍耐，恩慈，良善，信实，温柔，节制的果子。

曾经有几周的时间我教东南亚的宣教士同伴们如何被圣灵充满。一天，我收到他们中一人发来的一封简短的电子邮件。信中说："我真的很喜欢这个系列，它改变了我。谢谢！"

当我问这位宣教士这对他有什么帮助时，他回答：

您提供的信息简洁对我很有帮助。我以前听说过，尝试做过并经历过所有这些要素，也有过几次短暂的被圣灵充满过的经历，但从来没有持续很久。圣灵总是难以捉摸，神秘莫测。许多牧师只是脱口而出——"要被圣灵充满"——却没有给出如何去做的真正指导。被圣灵充满并不是一个简单的三步走的过程，而是有一些关键的组成部分。

现在我已经经历了很长一段时间的圣灵充满，我真正明白了圣灵的果子（仁爱，喜乐，平安……）获得易如反掌，因为是圣灵在做工，而不是我的肉身在做工。我花了许多年的时间，试图通过我自己的努力获得圣灵的果实。可以肯定的是，我请求神帮我展示这些果子，却没有遵循顺瓦普程序（本书中介绍的程序），没有付出我的一切。为结果（果子）工作，而不是为原因（被圣灵充满）而工作。

我认为避免犯罪（A）对我来说是非常重要的，还有你把这个和婚姻联系起来的方法也同样重要。它举了一个非常具体的例子。把东西拿走之后，如果不用别的东西填满深层需要这个洞，这是不可能的。现在我明白了，当我轻视诱惑，甚至拥抱诱惑时，我错过了什么。我想当我们向拥抱诱惑的时候，我们已经触怒了神，已经

	歌罗西书 3：16-18（房子）	以弗所书 5：18-22（酒囊）
命令	16 你们要让基督的道丰丰富富地住在你们心里，以各样的智慧，彼此教导，互相劝戒，	18 不要醉酒，酒能使人放荡，乃要被圣灵充满，
结果	用诗章，圣诗，灵歌，怀着感恩的心歌颂神。 17 凡你们所作的，无论是言语或行为，都要奉主耶稣的名，借着他感谢父　神。 18 你们作妻子的，要顺服丈夫，这在主里是合宜的。（新译本）	19 当用诗章，颂词，灵歌，彼此对说，口唱心和的赞美主。 20 凡事要奉我们主耶稣基督的名，常常感谢父　神。21 又当存敬畏基督的心，彼此顺服。 22 你们作妻子的，当顺服自己的丈夫，如同顺服主。

犯罪了。我知道冒犯我的妻子意味着是什么，这帮助我理解冒犯神意味着什么。

没有人能免于将圣灵阻挡在他们某些部分之外的风险。甚至宣教士可以"事奉神"，但是同时他们并没有被圣灵充满。宣教士和其他人一样是普通的信徒，他们也必须每天学习顺服于圣灵的带领。

跳舞

我跳舞跳得不好。有几次，我试着揽起妻子，随着音乐的节拍翩翩起舞，却被舞步绊住。我应该带头，她应该跟着我跳。但不管我是在带她，还是她带我，都无关紧要——因为保持步调一致还不是我的第二天性。如果我真的投入其中，并经常练习，它可能会成为我的第二天性。

圣灵每天都要带领你跳生命之舞。祂领舞，你必须跟上祂。这可能还不是你的第二天性，但通过练习，它会成为你的第二天性。总有一天，你会做到仅仅听到祂的声音，就能感觉到祂的引导，并与祂保持同步而舞。

我邀请你去探索圣经，学习如何每时每刻灵里行走。学习圣灵之舞。毕竟，圣灵之舞是你被创造出来的原因——时时刻刻地与你的造物主交流，完全依赖于祂。

为了充分利用这段灵里行走之旅，你必须做两件事：

首先，你必须从内心和思想上顺服圣经所揭示的一切。当学习圣经的时候，让基督的道丰丰富富地住在你心里。

其次，你需要抽出时间与神同在，让祂在你的心里做工，就像祂在历代圣徒心里做工一样。

懂得由顺瓦普方法主导的灵里行走的灵修步骤是不可或缺的。但这本书只能告诉你这些步骤。你必须做出艰苦的努力，才能让神重新在你的心上动工。

时候将到，如今就是了，那真正拜父的，要用心灵和诚实拜他，**因为父要这样的人拜他**。神是个灵，所以拜他的必须用心灵和诚实拜他。

（约翰福音 4：23–24，粗体字是重点）

好消息是圣灵之舞的主人——圣灵——正在等你。祂在拍你的肩膀，邀你共舞。祂从创世以前就像这样了。称其为圣灵之舞，或是称其为灵里行走。不管怎样，邀请函现在就发给你，接受邀请吧！

思考题

1. 认为"圣灵是耶稣的灵"是如何帮助你在圣灵中行走的？

2. 住在基督里面，被圣灵充满，让基督的道丰丰富富地住在我们里面，与圣灵同步：这些都是描述同一个过程的不同短语，之间有细微区别。这些细微差别是如何帮助你理解灵里行走的？

3. 让神圣的开拓者在你的灵里行走的旅途中指引你，到目前为止你做得如何？将来你想做什么改变？

4. 圣灵之舞的主人——圣灵——邀请你跟上祂的步伐。现在花点时间邀请祂教你这些步骤。顺服于祂——祂就是你的王。

第三章：
把你的控制权交给神

灵里行走是不可预知的，但学习在圣灵里行走的步骤是可以预测的。圣经及其在历史上的应用指出了我们必须遵循的共同模式。它们是学习让圣灵每天指引我们的属灵训练。

婚姻：圣灵与人的关系在尘世间最贴切的写照

圣灵是一个人。祂和我们之间最牢固的关系是婚姻。神把祂的灵赐给我们，心存嫉妒地想念祂的灵。在基督里，神已经与我们结了婚，并希望与我们建立独一无二的排他的关系。祂要我们忠于祂，不是"直到死亡把我们分开"，而是直到永恒，永不分离。

保罗在以弗所书 5 章用这个画面来描述我们和神之间神秘关系的本质。这个画面首先适用于基督与祂的教会（世界各地所有的信徒）的关系，但可以延伸到祂与我们每个人的关系。

> 你们作妻子的，当顺服自己的丈夫，如同顺服主。因为丈夫是妻子的头，如同基督是教会的头；他又是教会全体的救主。教会怎样顺服基督，妻子也要怎样凡事顺服丈夫。你们作丈夫的，要爱你们的妻子，正如基督爱教会，为教会舍己。要用水借着道把教会洗净，成为圣洁，可以献给自己，作个荣耀的教会，毫无玷污、皱纹等类的病，乃是圣洁没有瑕疵的。丈夫也当照样爱妻子，如同爱自己的身子；爱妻子便是爱自己了。从来没有人恨恶自己的身子，总是保养顾惜，正像基督待教会一样，因我们是他身上的肢体。"为这个缘故，人要离开父母，与妻子连合，二人成为一体。"这是极大的奥秘，但我是指着基督和教会说的。然而，你们各人都当爱妻子，如同爱自己一样。妻子也当敬重她的丈夫。

（以弗所书 5：22 – 33，粗体字是重点）

无论你是否已婚，你心中都有一幅关于理想婚姻的画面。婚姻形象地说明了与圣灵同步。如果你把你与圣灵的关系看作是你与丈夫或妻子的关系，就会学会如何与祂步调一致，和谐相处。

因为圣灵是一个人，作为信徒，你或许会与祂保持良好的关系，但也有可能保持糟糕的关系。但是这种关系（婚姻）仍然是存在的。神的灵与你结了婚，应许永不弃绝你。

但是婚姻不会自己就变成一段美好的姻缘。美好的婚姻需要努力做工。除此之外别无他法。同样，与圣灵的良好关系也需要这样的努力做工。

与圣灵结婚就像学着与世上某个人建立美好，和谐的关系。因为圣灵是人，你或许会冒犯祂，使祂感到担忧（以弗所书4：30）。你和祂的关系或许会变得紧张，但不会因此结束。圣灵不会与你离婚，但这段关系肯定会变得不愉快。

最不愉快的属灵婚姻，莫过于信徒为自己而活，无视对圣灵的信仰。祂的话折磨着，唠叨着，一刻都不肯放过他们，但是这些信徒还是无视祂，无视祂的大能，无视祂的引导。这是一段地狱般的婚姻。敌人撒旦才是真正的不幸婚姻的主宰，是他破坏了神和信徒之间的关系。当撒旦主宰你的生活时，撒旦就偷窃，杀害，毁坏。

盗贼来，无非要偷窃，杀害，毁坏；我来了，是要叫羊得生命，并且得的更丰盛。

（约翰福音10：10）

与世俗为友，让敌人控制你，这样你就变成神的敌人（雅各书4：4）。你可以和神一起在静修时刻开启新的一天，但是如果你重新掌握了对自己的控制权，你就成了世俗的朋友。若你陷入了错误的关系，对别人不友善，说贬低的话，或者出现悖逆的思想，就证明你实际上被敌人控制了，而不是被神控制了。这样是不利于跟神建立健康的婚姻关系的。

你认为谁会是最后的赢家？在这种属灵的婚姻中，耶稣基督是一家之主，而不是你。学会在婚姻中顺服祂的领导，这将是一段幸福的婚姻。

在以弗所书第 5 章，保罗描述了婚姻应该是什么样的。丈夫们无条件地爱他们的妻子，愿意为妻子牺牲生命，就像基督为教会做的一样。妻子尊重，顺服丈夫并接受丈夫的领导，就像教会对待耶稣一样。保罗教导丈夫和妻子向基督学习，并学习祂与教会的关系。

之后，他进一步说明了这个比喻的奥秘为何伟大：

> 这是极大的奥秘，但我是指着基督和教会说的。
> （以弗所书 5：32）

从表面上看，保罗指的是世俗的婚姻。但事实上，他真正说的是一种更深层次的关系——一种永恒的关系——我们与耶稣的关系。我们必须记住婚姻的模样，不但是为了要理解基督和教会的关系，而且还要理解圣灵和门徒的关系。婚姻这幅景象是说明日常生活中灵里行走的最贴近世俗的比喻。

我们继续这个讨论。我将回到婚姻这个类比，来说明如何将圣经的真理应用于灵里行走。无论你是单身还是已婚，无论你的婚姻是美满还是艰难，让理想中婚姻的画面激励你与神同行吧。

婚姻的类比暂且说这么多。但是，在这条圣灵引导的不可预测的前路，当我们探索那些应该迈出的，可预测的步骤时，这个类比会为我们的选择提供很大帮助。

把对自己的控制权交给神

灵中行走的关键在于：控制权在谁？这种控制在你的生命中如何运作？当你同意主来掌管你的生命，并在时时刻刻引导你，这才能被称为被圣灵充满。

每一天，每一刻，都有人或事控制着你。在你的生命中，你如何把对自己生活的控制权交换给神呢？ 每天，你都需要把控制权交给祂：放弃对自己的控制权，顺服于祂。

让我们回到顺瓦普灵修，因为它总结了圣经中关于灵里行走的四个姿态：

顺服祂的旨意和每一句话
在祷告中等候神
避免犯罪，让神清除一切不义
追求圣灵的启示

在世界各地，顺瓦普灵修之道正在帮助普通信徒学习如何在一个破碎的世界里以一种非凡的方式生活。它描述了回归古代灵里行走的过程。本书接下来的几章将帮助你理解如何以实用的方式呈现出这四种姿势。顺瓦普灵修之道描述了一个深刻的整体过程，但正因为它可以被清晰地记住，所以你可以更容易地实践这些原则。我希望，你可以越来越多地采用灵里行走而不是"自我行走"。

请记住，顺瓦普灵修之道不是一个按顺序相继发生的过程。这不是一个过程中的四个固定顺序的步骤。相反，前三件事同时发生才把我们带到了最后的原则：追求圣灵的启示。但顺瓦普灵修之道中每一个概念都十分深刻，需要单独的章节来阐明细微的属灵差别。

在我日常灵修的大部分日子里，我都试着通过践行顺瓦普灵修这个过程，来确保我当天在灵里行走。一天之中，我经常回忆顺瓦普灵修之道的四个要素是哪个，以确保我仍在灵里行走。顺瓦普灵修之道是描述圣经内容的一个简单的方法。你可以用顺瓦普（SWAP）这几个首字母缩略词来开始你的灵里行走之旅，并对自己的每一天负责。

顺瓦普灵修之道的两种应用

顺瓦普灵修之道在你的生活中有两种广泛的用途。这两个用途在你接下来的旅程中非常重要。刚开始的时候，你可能要经过好几天的顺瓦普灵修之道程序，才能重新被圣灵充满。在神重新完全控制你之前，祂可能有许多事情要在你的心中完成。你需要几段深刻的，足以改变人生的时期，来将你对自己的控制交给神主宰。

但被圣灵充满后，祂想要每天和你一起经历顺瓦普灵修之道的过程，以确保你在祂里面保持活力，并倾听祂的声音。每天，你必须把你的控制权交换给祂。

第三章： 把你的控制权交给神

让我们开始灵里行走之旅吧

让我们明确一件事：灵里行走不是一个三步走的过程，而是与宇宙的创造者一起生活的旅程。正如我们不会把一本书命名为"幸福婚姻的四个步骤"，本书也不会起名叫作"被圣灵充满的四个步骤"。

记住那个与你灵里行走的是谁：全能的神的圣灵。

我们不可向祂发号施令。

我们不可列时刻表限定祂的时间。

我们在祂的议事日程上，在祂的进度表上。

你无法预测祂将带你去哪里，但可以预测双方互动的途径。神切切渴望祂的灵完全住在你里面。因此，祂想让你了解与祂同行的神圣过程。

顺瓦普灵修之道只会梳理并帮助你理解圣经中关于"行走在圣灵里"的解释，或让神来引导这段关系。这只是帮助你记住圣经教导的一种方法，这样你就可以在生命中加以实践。

在这段婚姻中，你有选择的权利。你可以选择顺服于神，使祂成为一个亲密伙伴。或者选择悖逆，从而把你们的关系搞僵。例如，你可以选择试着自己控制自己——扮演婚姻中丈夫的角色。甚至可以选择试着做一些只有祂能做的事——领导婚姻。如此一来，等候你的只有婚姻的不和谐。

或者你也可以选择交换角色。让祂领导你，你顺服于祂。祂表现出祂具有牺牲精神的爱，而你则以尊重，敬拜和爱慕回应祂。

灵里行走并不仅仅是圣灵之风吹拂下的帆船之旅。

这不仅仅是在天堂的向导——圣灵——的带领下翻山越岭的跋涉。

灵里行走是一份邀请信：邀请你进入你能想象到的最甜美的关系——每一段婚姻都应该是这样的。这是你命中注定的幸福婚姻。

启动帆船吧。

安营扎寨吧。

开始蜜月吧。

把你对自己的控制交给祂主宰！这个选择永远不会让你失望。

思考题

1. 为什么把你与圣灵的关系看作是完美的婚姻是有益的呢？

2. 你从自己或别人的婚姻中，有没有学到什么可以帮助你与圣灵建立日常关系的？

3. 如果你真的想与圣灵有一段美好的"婚姻"，作为伴侣，你愿意做出贡献吗？你愿意在这段关系中改变那些祂揭示的错误吗？

4. 顺瓦普（SWAP）灵修之道描述了四个符合圣经原则的活动，帮助你与圣灵建立更美好的婚姻。背诵这四项活动，并解释说出此时此刻你对它们的理解。

5. 你有多渴望神和渴望耶稣对你生命的控制？如果你现在不渴望，你是否愿意感到渴望？和勇敢的朋友们分享你可能有的恐惧。

6. 请求神为你创造一个对祂的深深的渴望，一个渴望为创造一个理想的属灵婚姻而尽你的一份力量的渴望。

第四章：
顺服神的旨意，遵从神的道

当我们开启灵里行走之时，我们一定要清楚神在"如何被圣灵充满"这个问题上的看法。前进的道路很容易因我们的观念而摇摆不定。在绝大多数情况下，我们关于圣灵的神学是建立在故事及轶事之上，而不是建立在圣经清晰的教导之上。很多实际中使用的构架详细说明了"如何在圣灵中行走"，但是，这些架构仅仅建立在圣经故事的基础上，而不是圣经中清晰的教导之上；这些构架基于各种经历和见证，而非圣经原则。

顺瓦普（SWAP）这种架构不同于其他架构的地方在于，它首先分析圣经中那些清晰的教导，然后使用圣经中的事例和故事来阐明这些教导的涵义。顺瓦普（SWAP）是一种支持圣经教学的基本架构，一种骨架结构。骨架是人的基础——它是支撑肌肉的基础，是保护重要器官的基础，也是支撑人外表部分的基础。顺瓦普恰如人的骨架的作用一样，为我们在圣灵里行走提供基础和支撑。顺瓦普（SWAP）恰好发挥圣经骨架的作用，通过这个骨架的架构，我们得以构建和圣灵的关系。外界所看到的你的那些部分（如生命中圣灵的果子，你生命中的圣灵之恩赐，你宣教事工的成就等）都是建立在这些如下所述的基本原则之上的：

S 代表 Surrender 顺服，顺服于神的旨意和神的道

W 代表 Wait 等候，在祷告中等候神

A 代表 Avoid 避免，避免犯罪并且求神清除所有的不义

P 代表 Pursue 追求，追求圣灵的启示

顺瓦普架构将在本章及随后的几章得到深入阐释。首先讲解第一个要素：顺服。

构建一个合适的架构

在任何生活领域或者神学领域，圣经架构都是首先建立在圣经中神的命令的基础上，其次建立在普遍原理的基础上，再次建立在人的生活的事例基础上。

例如，人和人之间的关系并非总是很单纯，有时候我们遇到令我们失望的人，遇到背叛我们的人，甚至会遇到伤害我们的人。但是，此时此刻，"爱仇敌"的这个圣经架构作为一个正确的原则就会浮现在我们眼前，我们马上想到了圣经中耶稣的命令：

> 你们听见有话说，"当爱你的邻舍，恨你的仇敌。"只是我告诉你们，要爱你们的仇敌，为那逼迫你们的祷告。这样，就可以作你们天父的儿子，因为他叫日头照好人，也照歹人，降雨给义人，也给不义的人。你们若单爱那爱你们的人，有甚么赏赐呢？就是税吏不也是这样行么。你们若单请你弟兄的安，比人有甚么长处呢？就是外邦人不也是这样行么。所以你们要完全，像你们的天父完全一样。
>
> （马太福音 5：43－48）

要想明白如何回应敌人，首先想到的圣经架构应该是神的命令。耶稣在马太福音5：44明白无误地命令道："要爱你们的仇敌，为那逼迫你们的祷告。"在路加福音6：27-28，耶稣又补充说："只是我告诉你们这听道的人，你们的仇敌要爱他，恨你们的要待他好。咒诅你们的要为他祝福，凌辱你们的要为他祷告。"此时此刻圣经框架的关键词提示就是：爱，祷告，善待，祝福仇敌。

其次，我们要找寻那些能进一步拓展我们的理解和架构的原则。下面举一个例子：

> 亲爱的弟兄，不要自己伸冤，宁可让步，听凭主怒；因为经上记着："主说：'伸冤在我，我必报应。'"所以，"你的仇敌若饿了，就给他吃，若渴了，就给他喝；因为你这样行就是把炭火堆在他的头上。"你不可为恶所胜，反要以善胜恶。
>
> （罗马书 12：19－21）

第四章：顺服神的旨意，遵从神的道

　　这里还要在我们这个框架上加上另外一个原则：善良神的主权原则。复仇不是我们的任务，而是神的职责。神是我们的保护神。我们一定要信任神。所以我们要做的是祝福仇敌，而不是报复仇敌。恰恰就是通过向仇敌行善这种行为，我们在仇敌的头上堆起了燃烧的炭火。[11]

　　我们基督徒通过向仇敌行善的善行，加增我们仇敌羞耻的感觉，也留下了为神在我们中间施展祂的大能的余地。基督徒正是通过"爱仇敌"这种善行，用善打败了恶。这样我们的原则就清楚了：神是复仇者，神会照看我们；爱仇敌这种行为可以显明神在我们中的大能；当我们基督徒受到虐待时，我们是靠行善获胜，而非靠作恶。

　　最后一点，我们要从圣经中的事例来学会如何用善打败恶。以下是两个事例：

　　第一个事例：耶稣在受审判时，看守的兵丁辱骂耶稣，但是耶稣并没有回骂。被钉于十字架时，耶稣没有求天父除灭那些迫害祂的人，而是求天父赦免那些人。百夫长面对耶稣的善感叹道："这真是神的儿子了"。

　　第二个事例：基督教的第一位殉教者司提反，是学习耶稣的榜样。他被众人用石头砸死而殉道，但是临终时求天父说："主啊，不要将这罪归于他们！"当时一个名叫扫罗的年轻人目睹了神大能显明的这一幕，并且这件事深深影响他以后的人生道路。

　　以上是圣经架构搭建的具体方法。

顺瓦普架构中的四条命令

你们要常在我里面，我也常在你们里面。枝子若不常在葡萄树上，自己就不能结果子；你们若不常在我里面，也是这样。**你们若常在我里面，我的话也常在你们里面，**凡你们想要的，祈求，就给你们成全。我爱你们，正如父爱我一样，你们要常在我的爱里。**你们若遵守我的命令，就会常在我的爱里，**正如我遵守了我父的命令，常在他的爱里。

　　（约翰福音 15：4，7，9-10，粗体字是重点）

11　埃及的一种仪式，一个人要当众表明悔改，就在头上顶一盘烧的炭火。——译注。

不要醉酒，酒能使人放荡，乃**要被圣灵充满**。
（以弗所说 5：18，粗体字是重点）

当用各样的智慧，**把基督的道理丰丰富富的存在心里**，用诗章、颂词、灵歌，彼此教导，互相劝戒，心被恩感，歌颂神。
（歌罗西书 3：16，粗体字是重点）

我说：你们当**顺**着圣灵而行，就不放纵肉体的情欲了。我们若是靠圣灵得生，就当靠圣灵行事。
（加拉太书 5：16，25，粗体字是重点）

在有关灵里行走的明确指示和描述中，我们有必要强调以上四处经文，并且可以概括为以下四条命令：

1. 你要在葡萄树上扎根，以便祂的道的汁液能流入你全身。
2. 你心灵的酒囊只能被圣灵充满，且只能被圣灵影响。
3. 让耶稣和祂的道畅通无阻地进入你生命的每一个房间。
4. 与天堂的向导保持步调一致。

这四条命令描述了相同的过程。每一个命令呼叫一个词，这个词描述了顺瓦普（SWAP）框架中的首要任务：**控制**！关键在于你是否让神每时每刻控制你，并充满你。被充满就是被控制。如果你被酒精充满，你就会受到酒精的影响。如果你酒后驾驶，会遭到逮捕。这就是物质强大影响力的显现。**你是否被圣灵充满，以至于可以认为你是"在祂的影响下"**？

神是通过三位一体的第三位——圣灵——来充满我们的。圣父在天堂的宝座上。圣子耶稣在父的右边为我们代求。但父和子都在藉著圣灵与我们同在。这就是圣灵所担任的角色。

与上述每个命令有关的形象，为圣灵充满的过程，贡献了各自细微差别。

第四章：顺服神的旨意，遵从神的道

1. 树枝只有与葡萄树相连才有生命。葡萄树控制着它。
2. 酒囊的功能是让葡萄酒（不能有其他物质）充满。
3. 只有神拥有了每个房间的钥匙，祂才能完全拥有了你的心灵的家，祂才是房东。
4. 只有当你的向导对你去哪儿，怎么去有完全的控制权时，你穿越荒野的道路才会起作用，你才会顺利到达目的地。

一切都回到控制权。圣灵的控制把我们引到了顺瓦普框架的第一个姿态：顺服。

顺服，而不是委身

控制的本质是顺服。顺服不同于委身。

已故牧师阿德里安· 罗杰斯博士 讲述了他与罗马尼亚牧师约瑟夫· 森的对话，约瑟夫· 森曾在罗马尼亚共产党执政期间吃了一些苦头。罗杰斯博士询问约瑟夫对美国基督教的印象。约瑟夫有些勉强地分享了他的感受：

"美国基督教的关键词是委身……直到 20 世纪 60 年代，委身这个词才在英语中大量使用。在罗马尼亚，我们甚至没有一个词可以翻译英文中的'委身'。如果你在今晚的对话中使用'委身'，我将找不到合适的词来翻译它。"

约瑟夫继续说道，"当一个新词开始使用时，它通常会取代掉一个旧词。我开始研究，并发现了'委身'这个词汇取代了哪个古老的词汇。阿德里安，在美国，那个不再流行的老词是'顺服'。"

"约瑟夫，"我问，"委身和顺服有什么区别？"他说："当你许下承诺时，不管你委身的事情多么高尚，仍是你在掌控。一个人可以承诺去祷告，去学习圣经，去捐钱，去付车款，或去减肥。无论他选择做什么，他都承诺去做。但顺服是不同的。如果有人拿着枪，让你举起双手以示顺服，你不会告诉那个人你在做什么。你只要顺服就行了。"

他说："美国人喜欢委身，因为他们仍然掌握主动权。但基督徒的关键词应是顺服。我们要作主耶稣基督的仆人。[12]"委身可以自我为中心，也可以动机为中心。委身本质上是关于"我"的。我对某人或某事有多忠诚？顺服是关于另一个人的，是我放弃我的权利，把控制权交给某人或某事。

我们的教堂里满是名义上意志坚定，按时去教堂做礼拜的人，他们"念祷告文"，偶尔也参加教会服务事工。在他们中间也零星分布着几个忠诚的基督徒，他们按时出现在教会，他们的信仰是认真的，并做了教会里面大部分的工。

但是我们有多少已经顺服的门徒呢？顺服的门徒就是把自己的生命完全交于耶稣和祂的一切安排。**委身不是一件坏事，除非它阻碍了信徒的顺服。**

向神委身还是向一项任务委身？

我和妻子结婚初期，在洛杉矶植堂，主清楚地告诉我们要搬到市中心开办一家教会。我们把地点定在一个黑帮丛生，犯罪猖獗的社区。第一天晚上，我的汽车挡风玻璃被人打碎了。在第一个星期，一个人在隔壁的公寓楼里被驾车经过的人开枪打死。我们费了很大的劲才使自己保持在顺服的状态。

顺服的部分原因是来自一个二十年前许下的委身：在洛杉矶市中心建立并牧养一家教会。八年后，神开始激励我，我们该把植堂的地方由美国转变为到福音未达的那些国家，去那里植堂。

一连几个月，在每天的静修时刻，我的灵魂都得不得安宁。这是神的声音，还是一种干扰？有很长一段时间，我刻意封闭无视了这个声音。这不可能是神，对吧？我们有一个二十年的约定，我咬紧牙关，为了任务全力以赴。

有一天，神的声音穿透了我的思想，刺透了我的灵魂。"史迪文，你是向我委身还是向一项任务委身？"在那一刻，我意识到我已经

---

12 阿德里安·罗杰斯（Adrian Rogers），美国电视福音布道家（1931 – 2005）译注。《天国权威的无限大能》（纳什维尔：B&H 出版社，2002），第 60 – 61 页。

第四章： 顺服神的旨意，遵从神的道

不再顺服——我只有委身，只是坚信而已。[13] 我活在神过去的道里面，而不是神最新的道里面。

神对信心之父亚伯拉罕也是这样的（希伯来书11：17-19）。祂吩咐亚伯拉罕牺牲他的儿子以撒。虽然这是很艰难的事，亚伯拉罕还是听了（创世纪22：2）并遵从了。毫无疑问，这是对亚伯拉罕的信心，顺服和委身的考验。亚伯拉罕和以撒上山去，儿子背上还背着柴火，这时候，亚伯拉罕也在听着神的声音。亚伯拉罕把他儿子放在祭坛上，绑住他，这时候，他依旧在听从神。由于内心的顺服，他认真听从神的每一个新的话语。当他举起刀要杀他唯一的儿子时，他也一直在听（创世纪22：11）。

神大声呼叫"你不可在这童子身上下手"，祂的仆人亚伯拉罕服从了。刀子从他手中掉了下来，他解开了儿子的绑。

顺服。

如果亚伯拉罕只按神的第一句话行事，却不听神后来的话，那该是多么悲惨的事啊！

顺服。

神把祭品从亚伯拉罕的儿子改成了一只公羊（创世纪22：13）。这种行为就是神的行为！祂多么仁慈啊！

委身是一件好事，如果委身能使我们咬紧牙关，充满信心地从顺服的地方继续向神计划而前进的话。为了委身变成顺服的委身，我们的耳朵必须不断地倾听神的声音，才能使我们在旅途中获得指引，转向和带领。

对我们来说，生活中遵守神多年前说过的一句话非常容易。能持之以恒这样做则是一件高尚的事情……直到神赐予新的话为止。

---

[13] 英文中的 committed, 意为 willing to work hard and give your time and energy to sth; believing strongly in sth. 委身的；承诺的；尽心尽力的；坚信的；坚定的。其名词形式 commitment 可译为：委身，忠诚，献身，承诺等。——译注

你们中间谁是敬畏耶和华，听从他仆人之话的，这人行在暗中，没有亮光，当倚靠耶和华的名，仗赖自己的 神。凡你们点火，用火把围绕自己的，可以行在你们的火焰里，并你们所点的火把中。这是我手所定的，你们必躺在悲惨之中。

（以赛亚书 50：10 – 11）

　　神提醒我们要在黑暗中继续前进。我们必须小心，不要点燃我们自己的火把，不要提出那些让我们违背神说过的明确话语的人类思想。对神的话语的委身是一种稳定的力量。

　　另一方面，当神说了新的话语时，我们必须准备好像亚伯拉罕一样尽快地说"同意"。否则，我们的生活就会渐渐融入那些我们自以为神要我们做的事情的日程表和计划表，即使后来发现跟神的新的话语不一致，我们还求神保佑。这并不是顺服。

顺服的空白契约

顺服是这样的：在你早晨静修时刻，神要你拿出一张白纸。带着期待，你把它拿出来，握着你的笔。神在说话，你已经准备好写下来神的命令。但是接下来，祂却说："孩子，这是今天的契约。在这一页的末尾签名。"你看着白纸，很紧张地回答："好的，父，我来签。但是契约的内容是什么？这张纸是空白的。把它写上字我才能签字。"父停顿了一下，用温柔的声音说："孩子，我不会提前告诉你的。你签就是了，我会填写契约的内容细节。"

　　在彻底的顺服里，没有谈判。如果你在那张白纸上签名，你就顺服于神了。但是，如果你等着神把契约的条款写好，通过谈判调整条款的内容，有条件地签字，那么这个契约的重点仍是你自己。即使做出的修改寥寥无几，微不足道，但是在有条件的顺服中，你离委身更近了，却离顺服更远了。

　　只有在战场上顺服而投降的指挥官才会在白纸上签字。条款是无条件的。他们完全顺服了。

　　神要你每天在顺服的白纸上签名。如果不把自己清空，你就没法被圣灵充满——清空你的私心杂念，重点是你的意志。要将酒囊或酒瓶装满葡萄酒，必须清空现在里面的东西。你必须把所有的东西都倒在地上，让容器重新被充满。

你愿意让神把你对自己的控制清空吗？

在灵里行走的起点，写着"顺服。"这是很难的起点，但这也是**唯一**的起点。

你能信靠神吗？

为什么信靠神这么难？因为顺服的本质。我们为神的旨意放弃了我们的意志。我们不愿意顺服于神的旨意，因为在我们的本质里，我们不相信神是良善的。

也许我们相信在对抗邪恶时，祂是善良的（公义的）。但我们是否相信祂是我们的一位仁爱慈善的天父呢？

作为一名基督徒，我与神的良善抗争了十一年。有整整十一年，我不知道被圣灵充满的喜乐。我仍然控制着我自己。我并没有完全顺服。根源吗？当时的我相信我清楚什么对自己生活最好的。我给自己的幸福和实现幸福的步骤都制定了计划。我没有信靠神。我觉得如果我对神说"是"，祂就会召唤我去做那些给我的生活带来痛苦的事。

经过一段时间的禁食，祷告和研读圣经，我意识到，这位天父，这位慈爱的造物主了解我。是祂打造了我身体的每一个细胞。

我的肺腑是你所造的。我在母腹中，你已覆庇我。我要称谢你，因我受造奇妙可畏。你的作为奇妙，这是我心深知道的。我在暗中受造，在地的深处被联络，那时，我的形体并不向你隐藏。我未成形的体质，你的眼早已看见了。你所定的日子，我尚未度一日，你都写在你的册上了。

（诗篇 139：13–16）

既然祂创造了我，而且是一位仁慈的父亲，难道祂不能为我安排每天的生活，计划我的生命，让我充满快乐，同时给祂带来最大的荣耀吗？当我内心认定了神的仁慈，知道祂的计划将收获最大的应验，我向祂怀里奔去。我完全顺服于祂了。有生以来，我第一次感受到自己完全被圣灵充满。在我的顺服中，我终于自由了，我充满了喜悦。

你必将生命的道路指示我。在你面前有满足的喜乐，在你右手中有永远的福乐。

（诗篇 16：11）

神是良善的。这是一种充满仁爱的良善。祂打造了你身体的每一个细胞。顺服于祂，不仅是为了祂的荣耀，也是为了你们的喜乐，欢悦和应验。只有神，创造你的造物主，才知道如何为你的生活开辟一条道路，并给祂和你带来最大的快乐。

在开始圣灵里行走之前，你必须先相信神学中神的良善。

你可以信靠你的天父。祂是良善的。只有你信靠祂，才会顺服于祂。即使你信靠神，随着生活的继续，你也很容易忘记神的良善。在人生的关键时刻，你也许会不再顺服，因为你再次想当然地认为你最了解你自己。你必须时刻记住，神永远最了解你自己。无论祂的旨意让你多么痛苦，最终都会带来最大的应验和成果。

耶稣说：我有食物吃，是你们不知道的。耶稣说：我的食物就是遵行差我来者的旨意，作成他的工。

（约翰福音 4：32，34）

顺服神的旨意和祂的工才是真正的并且有营养的食物——生命之粮。

顺服祂的旨意

不要醉酒，酒能使人放荡，乃要被圣灵充满。

（以弗所书 5：18）

当用各样的智慧，把基督的道理丰丰富富的存在心里，用诗章，颂词，灵歌，彼此教导，互相劝戒，心被恩感，歌颂 神。

（歌罗西书 3：16）

顺服体现在两个方面——神的旨意和神的道理。上面以弗所书的经文描述了无论祂带我们去哪里，都要对圣灵的旨意完全顺服。就像耶稣在客西马尼园里一样，我们祷告：

　　然而，不要成就我的意思，只要成就你的意思。

　　（路加福音 22：42）

上文中歌罗西书的经文描述了，不要仅仅委身于神的旨意，还要让基督在每天，甚至每小时对我们说的道理控制我们。我们顺服于听到的每一个字。

被圣灵充满的起点是："顺服祂的旨意。"

充满酒囊从这个行为开始：清空你对自己的控制。

想要神住进你的内心的房间要从这样的问候开始："主啊，这些是通向所有房间的钥匙。"

住在基督里面是从你在空白的契约上签名开始的。

当你相信神把你的幸福放在祂心里时，无条件的顺服是一件快乐的事。

伟大使命的诺言

教会缺乏神的肉眼可见的同在以及教会复兴与我们擦肩而过，其原因很多。原因之一是我们拒绝顺服神的绝对旨意。相比于顺服神和祂在这个世界的统治，我们更重视教会的议程和繁荣。我们没有把教会弄好，是因为我们没先正确对待天国。天国的中心是神。然而，我们的教会往往没有百分百顺服于神，而是半心半意地顺服神。我们几乎总是在考虑那些最有利于我们的教会的事情，而不是考虑那些对神的控制最好的事情。

例如，我们可能认为我们的教会是怀揣神的使命的。但是，与教堂社会活动，建设，装修，周日上午主要敬拜活动设备的投入的资金相比，为宣教大使命提供的资金往往显得相形见绌，苍白无力。

把教会议程顺服于神，方法很多，比如可能会像下面的例子一样：我所献身的林边社区教会是一个相当大的教会，他们将 50% 以上的奉献用于本教会外的服侍和宣教。即使在考虑未来进行一些建设时，他们也坚持保持这一比例——在宣教上的支出超过了他们的设施支出和工资支出。

你的教会是顺服于神的王权，还是更看重什么能让教会壮大繁荣？判断的标志之一就是是否顺服于神赐予教会的最大使命——宣教。

耶稣进前来，对他们说："天上地下所有的权柄都赐给我了。所以你们要去，使万民作我的门徒，奉父，子，圣灵的名，给他们施洗。凡我所吩咐你们的，都教训他们遵守，我就常与你们同在，直到世界的末了。"（马太福音28：18-20）

我们大多数人都知道大使命。大使命在我们心中刻骨铭心，尤其是那句应许："我就常与你们同在，直到世界的末了。"圣灵住在我们心中，与我们同在，圣灵永远不会离开我们，这些都是无条件的。但你知道耶稣同在的应许是有条件的吗？

耶稣在大使命中所描述的同在是祂在使命中的特别同在。耶稣差遣祂的门徒去履行耶稣的心里最为惦记的那个核心的使命——就是把这个福音传播给世界上每一个民族，每一个地方。耶稣知道这将是困难的，祂承诺陪祂的门徒一起掌权。当教会顺服于大使命，而不是他们自己的议程，他们将开始遇到耶稣的存在，而这是他们以前从未遇到过的。

早期教会面临迫害发生，有时会受到诱惑而在大使命上打退堂鼓，之后，他们会重新顺服大使命。他们祈求的不是神的保护，而是神的同在。神在权柄上尊重这一要求，因为祂尊重祂心中的使命：

他们恐吓我们，现在求主鉴察。一面叫你仆人大放胆量，讲你的道；一面伸出你的手来，医治疾病，并且使神迹奇事因着你圣仆耶稣的名行出来。祷告完了，聚会的地方震动，他们就都被圣灵充满，放胆讲论　神的道。

（使徒行传4：29-31）

第四章：顺服神的旨意，遵从神的道

这是一群在使徒行传2(五旬节那天)已经被圣灵充满的门徒。当他们再次顺服于神的使命时，圣灵重新充满了他们。

我们没有经历耶稣的灵的大能同在，是因为我们没有按照祂的旨意生活。祂的旨意是要祂的名和祂的国在世界上每一个福音未达之地都变得伟大。当我们优先考虑对我们自己和对我们教会的繁荣最有利的事情，而不是拯救世界的时候，复兴离我们而去，你会惊讶吗？

毫无疑问：为神的使命而活，是你所从事的最具挑战性，最能扩展信心的事业。使神的名在万国万邦中为大，需要付出高昂的代价。连我们的主在细想那些使父的名传遍世界所需要付出的代价时，祂心里也很忧愁：

"我现在心里忧愁，我说甚么才好呢？父啊，救我脱离这时候，但我原是为这时候来的。父啊，愿你荣耀你的名。"当时就有声音从天上来说："我已经荣耀了我的名，还要再荣耀。"站在旁边的众人听见，就说："打雷了。"还有人说："有天使对他说话。"耶稣说："这声音不是为我，是为你们来的。现在这世界受审判。这世界的王要被赶出去。我若从地上被举起来，就要吸引万人来归我。"耶稣这话原是指着自己将要怎样死说的。

(约翰福音 12: 27 – 33)

当耶稣将自己顺服于这使命——神在万国万邦的荣耀——时，神的声音如雷鸣般从天而降。这种神的同在是显而易见的。

耶稣履行大使命的代价是十字架。但只有在死后，祂才会结出许多果子。耶稣在被钉十字架之前的经文中说明了这一点：

我实实在在地告诉你们，一粒麦子不落在地里死了，仍旧是一粒，若是死了，就结出许多子粒来。爱惜自己生命的，就失丧生命；在这世上恨恶自己生命的，就要保守生命到永生。若有人服事我，就当跟从我；我在哪里，服事我的人也要在那里；若有人服事我，我父必尊重他。

(约翰福音 12: 24 – 26)

要像耶稣一样，在你的生命中真正结出果实，你必须做一粒落在地里死了的麦子。当你失去你的生命，你获得了生命。当你服侍基督的时候，你必须与祂同在。基督在哪里？祂的特别同在引领祂的门徒走到黑暗的边缘，去宣告世界的光。

当你这样服侍基督，天父就会欢迎你这样的姿势。祂来了，与你同住（见约翰福音14：21，23）。祂的同在变得明显可见。

这就是为什么我认为神正在祝福我所献身的那所伟大教会。他们的心里跳动的是神的使命——祂的国来到美国，来到地球上每一个福音未达之地。

哦，基督的门徒，接受这使命，接受这计算代价的特权吧。当你接受这个使命时，你就会得到神的权柄与你同在。

哦，教会，接受让神的国度降临万民的命令吧。献出你最好的种子——人们，资金，祷告和努力——你就会得到圣灵充满的回报。

复活等候的仅仅是你向神和祂的大使命顺服。

这就是祂的旨意。

顺服于神的一切话

当你顺服于神的旨意时，每一天神都会向你解释顺服的含义。以弗所书5：18语气强烈地说，要顺服于神的旨意，要完全被圣灵充满。歌罗西书3：16则清楚指出，这是一个日复一日的过程。耶稣在被魔鬼试探，被引诱不要顺服天父时，耶稣用下面的话回应魔鬼：

> 耶稣却回答说："经上记着说：人活着，不是单靠食物，
> 乃是靠神口里所出的**一切话**。"
>
> （马太福音4：4，粗体字是重点）

在这里，婚姻的画面有助于我们的理解。一个男人为了妻子的幸福而放弃自己的意志是一回事。在一个装饰华丽的小教堂里，忠实的男傧相们簇拥着新郎。看着他的妻子光彩照人的样子，新郎打消了顾虑，坚定了自己，说："我愿意。"

第四章： 顺服神的旨意，遵从神的道

但第二天早上，当这对夫妇醒来时，新娘说："亲爱的，你能……吗？"，会发生什么呢？理想很丰满，现实很骨感：和谐的婚姻需要付出很多努力。丈夫没有料到妻子会有这样的要求，也没有料到当天晚些时候妻子会提出的另一个要求。每说一句"亲爱的，你能……吗"，你的配偶就有机会去顺服每一句话，每一个要求。顺服于每一句话清楚地说明了什么是顺服于她的意愿。这就是婚姻破裂的原因——不能顺服于每一个"亲爱的，你能……吗"。持续顺服于圣灵，就是对你所遇到的神说的每一个"亲爱的，你能……吗"说"是"。

在我基督徒生活的第十一年，我向神的旨意顺服，重新体验了圣灵的充满。但是之后，一天又一天，每读一次圣经，神就有一句新的话需要我向它顺服。每一次都是对我顺服能力的挑战；就像上面提到的"亲爱的，你能……吗"这句话对新郎的挑战一样。

你有过这样的经历吗？也许在你生命的关键时刻，你对耶稣说"是"。但是之后某一天，当你读圣经的时候，你发现了一个你不喜欢的命令——一个你不愿意顺服的命令。

回到如何对待敌人的最初框架，也许你发现你应该爱他们。但是为仇敌祷告？天呀，真的吗？祝福敌人？天呀，真的吗？难道我不能容忍他们吗？你会持续顺服吗？你在圣经中所发现的每一句新话，都是一个向主持续顺服的挑战。

灵里行走，不单单是你一次顺服神旨意的经历的结果。类似的很多经历可以是戏剧性的，情绪化的。

然而，这样的经历只是灵里行走之旅的开始。坚持灵里行走之旅意味着你要听从你的向导的每一次低语。走在圣灵里就是保持充满圣灵——继续听祂的耳语。为了保持圣灵充满，你必须对耶稣对你生命所说的每一句新话一直说"是"。

灵里行走就是变得越来越顺服，因此越来越像基督。

当你深入钻研圣经，思考如何满怀爱心地遵守每一条时，你会发现：要成长为完完全全为神所充满的人，你必须一直对基督的每一句话都说"是"。耶稣会在下面这些时刻对你说话。

对每一个神的命令说"是",会使你长久地住在神的面前。

对每一个神的命令说"是",会促进你生命的更新。

对每一个神的命令说"是",会引导你在基督里走向完全。

对每一个神的命令说"是",你和你周围的人都会收获持久的硕果累累。

灵里行走要行得平稳,就要包括顺服于神的旨意和顺服于神的话两个方面:(1)改变生命的顺服经历,例如使徒行传第二章(五旬节)和使徒行传4:31节(迫害后);(2)通过神的道中的每个命令,每天做成得救的工夫,弄清楚得救的内涵。

这样看来,我亲爱的弟兄,你们既是常顺服的,不但我在你们那里,就是我如今不在你们那里,更是顺服的,**就当恐惧战兢做成你们得救的工夫**。因为你们立志行事都是神在你们心里运行,为要成就他的美意。

(腓立比书2:12-13,粗体字是重点)

如果没有我们每天对神的每一个命令的顺服,任何能改变生命,打破捆绑的经历,都不会获得持久的效果。

日常的顺服工作,只有通过在能改变生命的顺服经历中获得突破,才能找到它的力量。

拥抱这两个方面吧:顺服于神的旨意和顺服于神的每句话。不要惧怕他们中的任何一个,因为你们的造物主是良善的。

欢迎来到成为完全人的过程

基督在肉体的时候,既大声哀哭,流泪祷告,恳求那能救他免死的主,就因他的虔诚蒙了应允。他虽然为儿子,还是因所受的苦难学了顺从。**他既得以完全,就为凡顺从他的人成了永远得救的根源**,

(希伯来书5:7-9,粗体字是重点)

耶稣为我们树立榜样,身体力行地教我们经历顺服的过程。在旷野的试探中,在祂开始传道的时候,在祂传道的最后一晚,在客西马尼园里的祷告中,耶稣都展现了祂对天父的旨意的完全的顺服。

第四章： 顺服神的旨意，遵从神的道

但你知道耶稣必须自觉地顺服天父的每一句话吗？尽管耶稣在地上的事工中是无罪的，但祂的人性还不完全。当我们成功地通过每一项测试，并从另一方面通过每个测试——以各种方式完成测试时，完全就来了。

希伯来书5：9中的"完全"这个词意味着成就了，完整了或者成熟了。它的意思是某样东西最终完成了它的全部设计，而不仅仅是它是无罪或无错的。它已经完美地通过了每一项测试。这样才算"完全"。

亚伯拉罕有信心，但他的信心因他的行为得以成全，证明和变得完全（雅各书2：22)。同样，耶稣顺服了父所说的一切话，照着神预定的旨意行，也照样成了完全人。

希伯来书5：8说，耶稣通过受苦学会顺服。祂的生命并不容易，但是当祂对天父的每句话都说"是"的时候，祂变得完全了。祂通过了每一个考验，顺服每一个命令：完美的标志。

同样地，我们不仅必须在生命的开始就顺服，而且只有对神对我们内心说的每句话都说"是"的时候，我们才会变得成熟和完全。连耶稣都必须学习顺服，何况我们呢？我们需要学习的东西更多。我们还需要学习多少呢？

开始这段灵里行走旅程意味着走到祭坛前向神说"是"。你必须在这张空无一字的白纸上签名，顺服神这位丈夫的旨意。

坚持不懈走在灵里行走的路上，意味着你每天都要对你的主耶稣的命令说"是"。

在这个顺服的过程中，圣灵与人的关系和谐才会茁壮成长。

思考题

1. 顺服与委身有何不同？你愿意在空无一字的白纸契约上签字向神顺服吗？

2. 信靠神的良善和慈爱是顺服于祂的根基。你对神的良善的看法，以及你愿意顺服于祂的旨意方面，需要做出哪些改变？

3. 你在多大程度上顺服神的旨意和使命？你是否曾经无条件地顺服于祂而不管说什么？

4. 在顺服于基督的每句新话——每个"神的命令"方面，你面临什么挑战？

5. 现在花点时间抽出一张崭新的空无一字的白纸。如果下面这句话表达了你的心意，请在纸的下方签名，并告诉神："父啊，你无条件地爱着我。我相信你能引导我的人生。我顺服于你的控制。请你在这里写下对本周，本月，今年，今生的任何指示。我是你的！"

第五章：
在祷告中等候神（第1部分）

顺瓦普（SWAP）框架的前三个方面是同步进行的，而不是依次进行的。它们是同一过程的三个部分，通向该框架的最后一步：追求圣灵的提示。这四个要素带领我们进入灵里行走——由掌权的圣灵带领。

在前一章中，我们研究了顺瓦普（SWAP）圣经框架的第一个要素——顺服于祂的旨意和祂的每一句话。顺服于祂的旨意需要来到祭坛并对神说"是的"。你签署一张空无一字的白纸契约，顺服神这位丈夫的意愿并开始与祂一起灵里行走。坚持不懈行走在这条路上，就意味着顺服基督的每一句话，对主耶稣的每一天的命令说"是"。随着你的爱变冷淡或你的顺服变老去，你需要定期回到祭坛来更新你的誓言。

顺服过程，特别是在最初站在祭坛阶段，可能需要一些时间。神希望深入做工，让你的心达到新鲜顺服，心甘情愿的地步。这需要时间——从容不迫的时间。

以上就是在祷告中等候神的原因。这是顺瓦普（SWAP）框架的第二个要素：**在祷告中等候神。**

顺服于祂的旨意和祂的每一句话
在祷告中等候神
避免犯罪，让神清除一切不义，
追求圣灵的启示

耶稣的明确命令：等候

请记住，建立一个圣经框架必须从圣经的那些明确命令开始，而不仅仅是故事或见证。耶稣向祂的第一批门徒明确指示他们最初将会如何被圣灵充满。当然，这条命令是在特定时间给予特定人群的。但是耶稣赐给他们的命令说明灵里行走的过程伴随被圣灵充满的过程同时发生。

耶稣清楚地命令祂的门徒等候,直到神差遣祂的灵在门徒身上动工为止。

我要将我父所应许的降在你们身上,你们要在城里**等候**,直到你们领受从上头来的能力。

(路加福音24:49,粗体字是重点)

耶稣和他们聚集的时候,嘱咐他们说:"不要离开耶路撒冷,**要等候父所应许的**,就是你们听见我说过的。约翰是用水施洗,但不多几日,你们要受圣灵的洗。"

(使徒行传1:4-5,粗体字是重点)

在耶稣升天之后,120位门徒(耶稣的普通信徒,而不仅仅是十一位使徒)在楼上的房间里等了大约十天[14],生活在一起,热切地祷告。

这些人同着几个妇人和耶稣的母亲马利亚,并耶稣的弟兄,都同心合意地恒切祷告。

(使徒行传1:14)

耶稣为什么要他们等候?为什么不马上差遣祂的灵?

圣经没有清楚地告诉我们为什么,但很可能它与框架中的第一点有关:顺服。早期的门徒是如何向耶稣的旨意和祂的每一句话顺服的?他们在祷告中等候祂,顺服祂所说的一切。想想看,当他们在祷告中等候祂时,他们肯定是一起思考了耶稣的很多教诲。

等候的原因可以从耶稣下了这条等候的命令之后和门徒的对话中找到线索。让我们解释它并用通俗语言分析它:

---

[14] 圣灵降临节(五旬节)是逾越节后五十天。耶稣在逾越节前的星期五(星期五晚上和星期六)被钉在十字架上。祂在星期天从死里复活,然后在四十天内屡次向门徒显现(他受害之后,用许多的凭据将自己活活地显给使徒看,四十天之久向他们显现,讲说 神国的事;使徒行传1:3)。在此之后,祂升入天堂,祂的门徒在楼上房间等候直到五旬节。因此,五旬节在耶稣升天后十天左右出现。

第五章： 在祷告中等候神（第1部分）

门徒说："主，我们已经等了三年了。你现在愿不愿意在耶路撒冷作王，建立地上的国度？"

耶稣说："别再关注这些世俗的东西了。这些都是跟人的国度，人的王相关的东西，都是会让你们分心的。你们该做的是：等候圣灵赐予你们权柄，然后追随我这个天国的王，传播天国，到世界各地传福音。"

（见使徒行传 1: 6-8）

这些门徒与耶稣一起度过了三年。在那个时候，他们每天都听祂的教导，并遵守祂吩咐的事工。犹太人包括耶稣的很多门徒，期盼着弥赛亚降临，成为地上的国王，并将打碎罗马占领者的枷锁。耶稣被视为弥赛亚，但是，三年来，耶稣一次次辜负了门徒的期盼。

然而，即使耶稣证明祂是一个不同类型的弥赛亚，门徒们还是不明白耶稣这个王的性质和祂的统治——神的国度。错误的思考仍然困扰着他们。门徒们向耶稣顺服了，但他们诸多的旧思想，旧行为和旧计划仍然需要改变。在楼上房间等候的时间给了他们思考的时间，以反思耶稣的生平和事工，旧约圣经，以及耶稣赐下的明确命令和教导。

等候的时间也是神在他们身上深入做工以清除需要改变的事情的时间。如果没有清除错误的想法，那么就说明门徒还没有做好准备去服侍掌权的神。

在十天等候结束时，似乎门徒的心被顺服并准备好将圣灵移动到他们身上。当圣灵掌权时，他们完全按照耶稣所吩咐的行事——他们见证了大批群众纷纷皈依耶稣。他们的顺服是如此强烈，使命如此明确，以至于他们坚持传播耶稣的教导，即使最高当局试图打压门徒对主和使命的顺服，他们也义无反顾：

于是叫了他们来，禁止他们总不可奉耶稣的名讲论教训人。

彼得，约翰说："听从你们，不听从神，这在神面前合理不合理，你们自己酌量吧！我们所看见所听见的，不能不说。"

官长为百姓的缘故，想不出法子刑罚他们，又恐吓一番，把他们释放了。这是因众人为所行的奇事都归荣耀与神。

（使徒行传 4: 18-21）

带到了，便叫使徒站在公会前；大祭司问他们说：

"我们不是严严地禁止你们，不可奉这名教训人吗？你们倒把你们的道理充满了耶路撒冷，想要叫这人的血归到我们身上！"

彼得和众使徒回答说："顺从神，不顺从人，是应当的。"……

公会的人听从了他，便叫使徒来，把他们打了，又吩咐他们不可奉耶稣的名讲道，就把他们释放了。

他们离开公会，心里欢喜，因被算是配为这名受辱。

他们就每日在殿里，在家里不住地教训人，传耶稣是基督。

（使徒行传 5：27－29，40－42）

在祷告中等候，让神有时间在你心中深入做工，清除任何不符合祂和祂在生命安排的旨意的思想，言语和行为。当你允许神在你身上深入做工时，你就会恪守神给你的生命契约。无论祂在空无一字的白纸上写下什么，都是你的生活，你都要活出神的旨意——无论你面临多大压力。

在圣经中，耶稣的追随者经常在一个漫长的孤注一掷的等候和切切期盼之后被圣灵充满。神希望你渴慕祂。当你真心实意寻求祂时，祂就欢喜。

时候将到，如今就是了，那真正拜父的，要用心灵和诚实拜他，因为父要这样的人拜他。神是个灵，所以拜他的必须用心灵和诚实拜他。

（约翰福音 4：23－24）

父寻求热情似火的敬拜者，这些敬拜者将荣耀归给祂。为了敬拜神，神要求你把你的意志和你的思想同祂的思想对齐一致。祂不会把祂的旨意和思想跟你的对齐一致。因为祂是神，而你不是。

第五章： 在祷告中等候神（第 1 部分）

要被神充满，你必须来到神的路上。当你在天上的父已经确定你的心已经对齐并准备好时，祂将在你身上掌权。

祂喜欢按照祂自己的条件来到你里面。

等候——你必须被动工

> 要被圣灵充满。
> （以弗所书 5：18）

这一切意味着你必须等候神动工。圣经清楚地表明你必须被充满。被圣灵充满是一种被动的姿势。神必须对你动工。记住，以弗所书 5：18 并没有说，"你用圣灵充满你自己。"

现在，保罗可能已经说过这样的想法："让神继续用圣灵充满你。"这就是保罗对以弗所教会下达的命令。注意"被充满"这个短语而不是"你充满你自己"。被圣灵充满是一个神圣的过程。在这个经历中，神尊重你内心的顺服，祂对你动工了，将祂的灵重新浇灌到你身上。

即使这是一种被动的姿态，保罗也将以弗所书 5：18 作为命令。这是让神用祂的灵重新在你的生命上动工的命令。命令某人允许神做某事似乎很奇怪。但这个命令与耶稣命令祂的门徒等候没有什么不同。**圣经命令你在神面前谦卑自己，等候祂。你要等候一直到祂动工为止。**

以弗所书 5：18 的命令希腊原文用的时态是进行时态。它可以被翻译为"持续不断被圣灵充满"或"一遍又一遍地被圣灵充满。"显然，被圣灵充满并非一个人开启基督徒生活后最初的一次性体验，绝非一次充满就终生充满。否则保罗就不会选择进行时态了。希腊人强调进行时态这一点。

记住，在得救时，你得到了内住的灵。你不必等候第二次接受圣灵的经历。在得救的时候，祂将你封在基督里，你"受了所应许的圣灵为印记"（以弗所书 1：13-14）。

但是，圣灵住在你里面并不意味着圣灵充满你并控制着你。本书的目的是帮助你厘清这个基本概念，并学习如何让圣灵接管你的控制权。那个熟悉的短语——被圣灵充满——意味着不仅发生一次，而是一次又一次地发生。

休斯顿市林边社区教会的高级牧师杰夫·威尔斯说："我们大多数基督徒都会跑冒滴漏！"换句话说，虽然我们过去可能已经被圣灵充满，但很容易逐渐恢复对我们生活的控制。我们让圣灵的控制权泄漏掉了出来，我们对自己的控制权却一点一滴地恢复回来了。

圣经的命令和例子表明，在你的一生中，被圣灵充满这件事会一次又一次地发生。当你在祷告中等候神时，让内住的灵充满你并控制你可能是你一生中第一次经历。它也可能是你一生中第一百次被圣灵充满。

虽然被圣灵充满不是一次性的经历，但它仍然是一种体验。神希望在一个神圣而宝贵的时刻掌权。经过一段时间的等候，这一刻更加甜蜜，就像一杯清凉的水在你口干舌燥时更加清爽。你第一次被充满时，祂的存在气势如虹，让你不知所措，以至于你将其标记为空前绝后的一次性事件。这种强大的经历导致了一些不符合圣经的神学理论和实践。但是，根据圣经，你的天父想要用圣灵反复多次充满你。

因为神必须对你动工，顺服时你必须让祂按照自己的时间表行事。只有神知道你的心何时为祂圣灵充满做好准备。你无法强迫神去充满你。你不能把祂挤进一个时间框架。你只能等候。这就是命令："等候……"

在祷告中等候

你不仅要等候，而且必须在祷告中等候。祷告正在向神敞开心扉，向祂说话并聆听祂。新约中的门徒经常在祷告时被圣灵充满。祷告与神互动，让祂在你心里做工。

神喜欢你的祷告。但我们必须探索神喜欢哪种祷告。我们必须明白什么类型的祷告邀请祂明确地在我们的生命中做工。

蒙神喜悦的祷告

这里有一些类型的祷告，邀请神在你的生命中显明神的能力。这些

第五章：在祷告中等候神（第 1 部分）

不是公式，而是圣经中神喜欢的心灵姿势的例子。圣经清楚地表明，当你谦卑自己的心时，神就会倾吐了祂的恩典（祂神圣的同在）。沉思下面这个总的姿势吧：

你们想经上所说是徒然的吗？神所赐，住在我们里面的灵，是恋爱至于嫉妒吗？

但他赐更多的恩典，所以经上说：神阻挡骄傲的人，赐恩给谦卑的人。

故此，你们要顺服神。务要抵挡魔鬼，魔鬼就必离开你们逃跑了。

你们亲近神，神就必亲近你们。有罪的人哪，要洁净你们的手！心怀二意的人哪，要清洁你们的心！

你们要愁苦，悲哀，哭泣，将喜笑变作悲哀，欢乐变作愁闷。
务要在主面前自卑，主就必叫你们升高。

（雅各书 4：5 - 10，粗体字是重点）

你们年幼的，也要顺服年长的。就是你们众人也都要以谦卑束腰，彼此顺服；因为神阻挡骄傲的人，赐恩给谦卑的人。所以，**你们要自卑，服在神大能的手下，到了时候，他必叫你们升高。**你们要将一切的忧虑卸给神，因为他顾念你们。

（彼得前书 5：5 - 7，粗体字是重点）

你在等候神，但是等候的不仅仅只有你。祂也在等你。祂渴望亲近你。祂希望你在祂面前谦卑自己，而谦卑常常在你祷告时发生。

想象一下：你的思想和你的心在神面前跪下，对神在你生命中的一切命令都点头说"是"。这是谦卑祷告的终极例证，这种祷告会打开你的心扉迎接神的同在。

下面有几个祷告的姿势蒙神喜悦并受到神的欢迎。

藉着你的生命荣耀神的祷告

"我现在心里忧愁,我说什么才好呢?父啊,救我脱离这时候;但我原是为这时候来的。父啊,愿你荣耀你的名!"当时就有声音从天上来,说:"**我已经荣耀了我的名,还要再荣耀。**"站在旁边的众人听见,就说:"打雷了。"还有人说:"有天使对他说话。"耶稣说:"这声音不是为我,是为你们来的。现在这世界受审判,这世界的王要被赶出去。我若从地上被举起来,就要吸引万人来归我。"耶稣这话原是指着自己将要怎样死说的。

(约翰福音 12:27-33,粗体字是重点)

耶稣渴望用祂的生命荣耀父。在四部福音书中,我们只知道父三次从天上大声对祂的儿子耶稣说话:第一次是在耶稣受洗(一个顺服点),第二次是在山上变形(另一个顺服点),第三次是在耶稣死前。耶稣的祷告中有一些蒙父喜悦的事情,所以父从上面发出隆隆声回应耶稣的祷告。

你的心有什么样的姿态能叫神发出隆隆声回应?你内心的哪些姿势能让神的心感觉惊心动魄,以至于祂会以你几乎可以感觉到或听到的明显的方式回应你?你能提供的最令神不可抗拒的祷告就是你的生命可以为神的名带来最大的荣耀,赞颂和名望。

为什么?因为神要你传扬祂的名,而不是传扬你自己的名。顺服是为了传扬神的名,而不是传扬你自己的名。当你唯一的愿望是在整个世界中传扬神的名时,为什么神还不会显现呢?这就是大使命的本质。在这个大使命中,耶稣向那些传扬祂的名的门徒许诺,祂的大能将与他们同在。

我们现代基督教的太多都是以自我为中心,有太多的基督徒不被神喜悦。我们求耶稣"进入我们的内心吧"。当你的内心没有顺服神时,神没有兴趣进入你的内心。祂不想进入你自己掌权的国度,但祂希望你在顺服时进入祂的国度。你在内心给祂留了一个空位就觉得你已经对神够可以了吗?恰恰相反,神祂想要你的内心的全部一切。

第五章： 在祷告中等候神（第 1 部分）

多数情况下，我们会问错误的问题："神对我生命的旨意是什么？"这个问题是以自我为中心的。是关于你和你的生命。

正确的问题是："神的旨意是什么？"仅此而已。然后，"我的生命怎样才能最好地服侍神的旨意？"为了荣耀神的名，你必须明白神在我们这一代所做的事。弄清楚这一点，然后想一下你如何最好地服侍祂和祂的旨意。

****

历史故事：本章后面的内容是顺瓦普解释过程中的简短插曲。在阅读到本书这里时，你需要了解迄今为止神在整个历史进程中一直在做的事情，特别是在我们这一代人中所做的事情。你的了解至关重要。在你读下面这段简短插曲时，花时间边祷告边等候，并向神询问你在历史进程中扮演什么角色。

****

实际上，以这种方式向神顺服，需要你的计划和有意识的行动。例如，几年前，我和我的妻子在湖边的房子里待了几天，等候神，寻求祂为我们生命的下一阶段的指导。我们先彼此分开各自花一段时间在祷告中等候神。我们打开圣经和日志，手里拿着笔，一边祷告一边等候神。每天我们会定时聚到一起，比较笔记，讨论神所说的话的含义。然后我们会分开回去，各人单独在祷告中等候神。

在第一天，我们问的问题都乱七八糟。我们不应该问神："下一步是什么？"我们需要问："天父，你在我们这一代人中在做什么工？"只有这样，我们才能弄清楚如何将我们的生活与祂的计划相匹配。一旦我们允许神对我们深入地谈论这件事，那么我们就开始乞求祂，"父啊，在为你的旨意服侍你方面，我们可以有份吗？我们只是谦卑的仆人，愿意随时听候调遣。如果你应允我们服侍你，我们将竭尽全力。"

那一周神清楚地显现了。祂向我们展示了祂在我们这一代中所做的事情，然后明确授权我们生命的下一阶段该做的事情。

当你以类似的方式祷告时，天父会很高兴。你可以简单地问一下，"神的旨意是什么，我的生命怎样才能最好地服务于此？"然后你就开始在这个世界上传扬神的名。你的祷告必须和耶稣一样："父啊，荣耀你的名！通过我让神扬名！"

神希望你用全副身心归荣耀于神，而不是归于自己。世界充满了寻求自己的荣耀，名望和权力的个人。神的国度必须充满追求神的荣耀，名誉和能力的门徒。神会等候在你的生命中显现，直等到这是你心中的愿望为止。

下面是一个如何以这种方式祷告的例子：

****

荣耀神的祷告

我天上的父，只有你才是王。只有你才配得这个世界上所有的名声。我不配得到它。我承认我所追求的往往集中在我自己，我的幸福，我的控制，我的声望和我的名上。这是我的老我中自然的生活方式。

但我想改变这一切。这很难，因为我不知道你怎么看。但我知道你很善良，很有爱心。因此，无论你说什么都将是为了你的极大的荣耀和我的大大的喜悦。我只想服侍你，宣扬你的名。

所以，父，我求你告诉我如何藉着我的生命宣扬你的名。藉着我荣耀你的名吧！

原谅我问你这个问题，"你对我生命有什么样的旨意？"

向我显明你的旨意吧。这就是我唯一的祈求。告诉我你这世代在我们这代人中你正在做的工是什么。让我的理解基于你的话语，而不是我自己的想法。当你显明自己的旨意时，你会赐我权柄去服侍你，服侍你在这个世界上的事业吗？告诉我如何才能让我的生命最好地服侍你并最能扬你的名。

第五章：在祷告中等候神（第1部分）

就像撒母耳作为童子时祷告的那样，我祷告，"耶和华啊，请说，仆人敬听！"（撒母耳记上3:9）。我放弃了我的梦想，我的抱负，我的希望，只为你而活。让我成为让宣扬你名的人吧！

****

忏悔祷告

当我们谦卑自己并承认我们的罪，不足和失败时，神就欢喜。为什么？因为这是我们承认祂是神而我们不是。我们是误入歧途的羊，而不是**好牧人**。圣经中最长篇章的最后几节结尾是这样的：

> 愿我的性命存活，得以赞美你！愿你的典章帮助我！
> 我如亡羊走迷了路，求你寻找仆人，因我不忘记你的命令。
> （诗篇119：175 – 176）

耶稣降临的中心目的是将我们带回神那里：

> 我们都如羊走迷；各人偏行己路；耶和华使我们众人的罪孽都归在他身上。
> （以赛亚书53：6）

当你承认你流浪的心并寻求神的宽恕时，神就乐意显现。等候过程的很大一部分是让神花时间清除所有的罪恶并在你的生命中巡逻。

当你在忏悔中亲近祂时，神也应许亲近你。当祂洁净你时，祂将神甜蜜的同在带入你的生命中。

> 你们亲近神，神就必亲近你们。有罪的人哪，要洁净你们的手！心怀二意的人哪，要清洁你们的心！
> 你们要愁苦，悲哀，哭泣，将喜笑变作悲哀，欢乐变作愁闷。
> 务要在主面前自卑，主就必叫你们升高。
> （雅各书4：8 – 10）

虽然我们将花一整章来研究这方面，但下面是一个忏悔祷告的例子。请记住，这只是一个如何以较长的方式祷告的例子：

****

忏悔祷告

啊，天父，你是公义的，我不是。像羊一样，我误入歧途。我的想法不是你的想法。

在我生命的许多方面，我自己的意志已经取代了你的控制。这就是罪。我向你承认我是有罪的，需要你在我的生命中施展洁净的大能。

把你的光照亮我内心吧，向我显明我误入歧途的每一个区域。如同大卫当年的祷告一样，我也如此祷告：

神啊，求你鉴察我，知道我的心思，试炼我，知道我的意念，看在我里面有什么恶行没有，引导我走永生的道路。

(诗篇 139：23 – 24)

就像你要求的那样，我会向你承认每一个罪，并寻求你的宽恕。我想成为一只圣洁的器皿，以荣耀你——一只你的灵可以在其中生活和做工的器皿。

彻底清洁我吧，让我比雪更白。求你清除我所有的不洁的想法，解决我所有的不睦的关系，赦免我所有以往的过犯。

我如今在你面前打开我的生命的大门，求你进入。洁净我除去一切不义。让我在你的面前成为义人。

****

渴慕神的祷告

神知道只有祂才能带给你真正的快乐和满足。祂希望你让祂成为你的主要喜悦。只有活在神里面的生活才能实现神预定的设计。祂希望你渴慕祂胜过渴望任何宝贝。当你比想要任何属世的事物更想要神时，祂就很高兴，就会显现并在你生命中掌权。诗篇 42 篇是这种渴望的一个例子：

神啊，我的心切慕你，如鹿切慕溪水。
我的心渴想神，就是永生神；我几时得朝见神呢？

(诗篇 42：1 – 2)

第五章：在祷告中等候神（第1部分）

阅读诗篇全卷并思想。神的承诺是：当你渴望神并等候祂时，祂会在适当的时候到来。

门徒在使徒行传1中在楼上房间里祷告内容的很大一部分就是表达了对于神的这种渴望。他们的主耶稣离开了他们。与他们一起度过了三年的肉眼可见的耶稣已经走了。门徒们就像孤儿一样，他们祈求耶稣重新回来。他们渴望祂的同在。耶稣以前给予门徒很多应许，耶稣的灵也尊重这些应许：

"你们若爱我，就必遵守我的命令。我要求父，父就另外赐给你们一位保惠师，叫他永远与你们同在，就是真理的圣灵，乃世人不能接受的；因为不见他，也不认识他。你们却认识他，因他常与你们同在，也要在你们里面。我不撇下你们为孤儿，我必到你们这里来。"

（约翰福音14：15-18）

在多数情况下我们会做下列事情：
想要神赐给我们的东西而不是要神；
想要神的恩赐而不是要神的同在；
想要果子而不是要果子的源头；
想要神的应许而不是要神自身。

神想要给你祂自己，而不仅仅是祂的应许。祂就是宝贝。祂就是喜乐。渴望祂吧，这样的话所有其余的你渴求的事情都与祂一同来到你生命。祂是你杯中的份，你获得的产业：

耶和华是我的产业，是我杯中的分；我所得的，你为我持守。
用绳量给我的地界，坐落在佳美之处；我的产业实在美好。

（诗篇16：5-6）

除你以外，在天上我有谁呢？除你以外，在地上我也没有所爱慕的。我的肉体和我的心肠衰残；但神是我心里的力量，又是我的福分，直到永远。

（诗篇73：25-26）

当摩西被召到山上接受十诫时,他饥渴慕义地向神祷告,求神在大荣耀中显现:

摩西说:"求你显出你的荣耀给我看。"
耶和华说:"我要显我一切的恩慈,在你面前经过,宣告我的名。我要恩待谁就恩待谁;要怜悯谁就怜悯谁";
又说:"你不能看见我的面,因为人见我的面不能存活。"
耶和华说:"看哪,在我这里有地方,你要站在磐石上。我的荣耀经过的时候,我必将你放在磐石穴中,用我的手遮掩你,等我过去,然后我要将我的手收回,你就得见我的背,却不得见我的面。"

(出埃及记 33:18 – 23)

耶和华在他面前宣告说:"耶和华,耶和华,是有怜悯有恩典的神,不轻易发怒,并有丰盛的慈爱和诚实, 为千万人存留慈爱,赦免罪孽,过犯,和罪恶,万不以有罪的为无罪,必追讨他的罪,自父及子,直到三,四代。"

摩西急忙伏地下拜,说:"主啊,我若在你眼前蒙恩,求你在我们中间同行,因为这是硬着颈项的百姓。又求你赦免我们的罪孽和罪恶,以我们为你的产业。"

(出埃及记 34:6 – 9)

摩西祷告中祈求看到神的荣耀并欢迎祂的同在,神的心就很高兴。神的显现了,其力量如此强大,以至于当摩西从山上下来时,脸上闪耀着光芒(出埃及记 34:29)。摩西看到了神的显现,神显现之后,随之而来的是神所带来的一切恩赐。

下面是一个如何向神饥渴慕义地祷告的例子:

****

第五章: 在祷告中等候神 (第 1 部分)

渴慕神的祷告

主啊,你是我杯中的份!你是我想要的唯一产业。哇!我非常高兴看到你那里有我的产业!我喜欢你和你给我的生命的这份产业。父啊,请向我显明你的荣耀。再显明更多吧。因为,我想要你,而不仅仅要你的委身。我想要你的同在,而不仅仅是要你的恩赐。我想要你的灵,而不仅仅是要你圣灵的果子。

你是我的宝贝和我的奖赏。如果没有你在我生命中清晰而庄严的同在,我就不要离开世界。我想要更好地认识基督,晓得他复活的大能,并且晓得和他一同受苦(腓立比书 3:10)。耶稣,不要离开我使我像孤儿一样,而是来找我。我渴望你的同在。

让我更喜欢你以及我与你的关系,而不是喜欢任何属世的事物——任何成就,任何关系,任何财富,任何愿望,任何兴趣,任何爱好。

就像那个发现藏在田野里的宝贝的人一样,为了拥有你,我会把我的一切都快快乐乐地卖掉(马太福音 13:44-45)。哦,我饥渴难耐!让我尝尝主恩的滋味吧,让我看到你的良善吧!(诗篇 34:8)。

****

顺服神旨意的祷告

圣经中像耶稣在客西马尼园中的祷告一样感人的祷告寥寥无几。在客西马尼园,耶稣告诉祂的门徒:我心里甚是忧伤,几乎要死(马可福音 14:34)。当祂在客西马尼园向父祷告时,祂对这条道路的下一阶段感到非常忧伤。祂如此忧伤以至于祂的汗珠如大血点滴在地上。

拿出几分钟时间,站在耶稣的立场上想想吧。阅读这段经文,思想神的儿子选择遭受折磨,审讯和钉十字架时内心的感受。考虑一下祂被侮辱而没有用侮辱反击时的心情——被诽谤,被误解和被指控祂没有做的事情。想想耶稣本来没有罪，神使那无罪的，替我们成为罪（哥林多后书 5：21），耶稣什么心情。思想下面经文：

耶稣出来，照常往橄榄山去，门徒也跟随他。到了那地方，就对他们说："你们要祷告，免得入了迷惑。"于是离开他们约有扔一块石头那么远，跪下祷告，说："父啊！你若愿意，就把这杯撤去；然而，不要成就我的意思，只要成就你的意思。"有一位天使从天上显现，加添他的力量。耶稣极其伤痛，祷告更加恳切，汗珠如大血点滴在地上。祷告完了，就起来，到门徒那里，见他们因为忧愁都睡着了，就对他们说："你们为什么睡觉呢？起来祷告，免得入了迷惑！"

（路加福音 22：39 – 46）

客西马尼的痛苦是如此之大，以至于耶稣在祷告中三次回到祂的父身边，每次求的都是成就父的旨意。

知道神的旨意是一回事，但顺服神的旨意却是另一回事。这需要勇气。顺服于神的旨意可能是你生命中最曲折的过程。对于耶稣来说，顺服神的旨意引起了巨大的痛苦，对你要说也是会引起极大的痛苦。但这种痛苦有很大的目的。顺服的美丽源于眼泪和苦难。这就是为什么你必须在祷告中等候神。服从神和祂的道路并不容易，你必须花时间让你的心在正确的地方。**我们在生命中都需要客西马尼的体验。**有了这些体验，你才能真正把自己的目标设定为成就神的旨意。

好消息是，当耶稣在祷告时，天使降临去服侍祂。这提醒我们：当你顺服于祂的意志时，神会介入。祂会赐给你能力，以获得顺服的勇气。

另一个好消息是，当耶稣祷告完时，祂所获得的属灵的勇气和决心使祂能够完成祂所开始的事。走向十字架，祂毅然决然，没有丝毫犹豫。因为在祂面前的喜乐，祂忍受了痛苦（他因那摆在前面的喜乐，就轻看羞辱，忍受了十字架的苦难，便坐在神宝座的右边。希伯来书 12：2）。

顺服的祷告不仅是为了了解神的旨意，而且是为了有勇气去践行神的旨意。你愿意向神祷告，求神赐你勇气去做祂指示你去做的事以荣耀神吗？

花点必要的时间让你的内心顺服并勇敢吧。花点时间让自己的内心以神的旨意为乐，而不是以自己的意志为乐吧。这并非易事。这会带来类似分娩的阵痛。如果你愿意诚实地与神讨论遵行祂的旨意的意义，并求神赐予勇气去做，你会忠于神赐予你的契约的所有条款。莫回首，只管遵照神的旨意前行。

多数情况下，神的旨意是清晰无误的。但不清楚的是我们是否有勇气神指示的道路上走到底。祈求顺服吧。祈求勇气吧。以下是如何祈求顺服的祷告的示例：

****

顺服的祷告

父啊，我已经祷告祈求知道你的旨意了。我已经祈求如何让我的生命能为你带来最大的荣耀了。我已经祷告祈求荣耀你的名。现在我更清楚地了解上述祷告意味着什么。我已经计算了代价。我知道这并非易事。

父啊，我害怕顺服。我缺乏顺服的勇气。按我的意愿而行，比照你的旨意而行，容易得多。

然而，我要和主耶稣一起，祷告："不要照我的意思，只要照你的意思！"求你清楚地提示我，你的旨意是什么以及我如何才能最好地为此服务。当你向我显明你的旨意时，求你赐给我勇气向你说"是"。我要从这次跟你的相遇中奋起，我决意为了你的旨意成就宁愿舍弃生命。

我向你交出我的所有惧怕。我向你交出我的半信半疑。我知道你会在适当的时候回答每一个问题。我知道你会和我一起走这条路，这给了我极大的勇气。我知道我会从事奉你中收获最大的喜乐。和耶稣一起，我说："我的食物就是遵行差我来者的旨意，作成他的工"（约翰福音4：34）。

求你还有你的使者一起帮助我。求你用你的同在帮助我。我做出这个决定并不容易。求你帮我消除疑虑，让我懂得顺服是好的。

求你安慰我的心，你会高举我。

不要照我的意思，只要照你的意思！

****

在祷告中聆听和禁食

在祷告中等候的过程中一定会多次聆听神。祷告是一种双向对话。在祷告中等候神的过程应该充满如下内容：默想神的道，记录祂对你的话语和你对祂的回应，并在回应祂的启示时祷告。神经常等候，一直到候到你心甘情愿完全接纳祂。此时此刻，神能否相信祂的灵已经充满你的心呢？

等候时间的目的是让你的心灵处于一个不偏不倚的立场，这样不管神的答复是"是"或"不"，"这种方式"还是"那样"，你都会很高兴。你可以做到内心不偏不倚，对神所说或所做的事情持开放态度，因为这是你的爱人——神的声音，祂知道什么对你的生命和祂的荣耀最有利。

在延长的等候时间里，聆听神并向祂顺服，往往最明显地与禁食相辅相成。在圣经中，神经常在祂的孩子们不仅祷告而且有目的地禁食之后才显现并掌权。禁食是为了努力寻求神，让你饥饿的身体提醒你祷告。禁食呼召你去渴求神和神的道路而不是想要食物。

摩西在神的山上停留了四十天，一直禁食，与神交谈。当他回到山脚下时，他的脸上发光充满了神的荣耀，因为之前他一直与神交谈。

摩西手里拿着两块法版下西奈山的时候，不知道自己的面皮因耶和华和他说话就发了光。

（出埃及记 34：29）

充满圣灵的耶稣被赶到旷野，被诱惑了四十天。当时是耶稣刚刚开启地上的事工。祂祷告寻求祂的父，抵制魔鬼诱惑祂走另一条道路，同时，祂一直禁食。当祂从旷野禁食中出来时，祂形容祂自己被圣灵的恩膏所覆盖：

第五章： 在祷告中等候神（第 1 部分）

耶稣满有圣灵的能力，回到加利利；他的名声就传遍了四方。……

有人把先知以赛亚的书交给他，他就打开，找到一处写着说：

"主的灵在我身上，因为他用膏膏我，叫我传福音给贫穷的人；差遣我报告：被掳的得释放，瞎眼的得看见，叫那受压制的得自由，报告神悦纳人的禧年。"

（路加福音 4: 14, 17 - 19）

扫罗在通往大马士革的路上神奇地遇见了耶稣，到了大马士革，他禁食并祷告了三天。当他回忆自己以前曾对神的子民造成的种种恐怖事件时，他脑子里想到了什么？他当时肯定会忏悔什么呢？只有禁食祷告三天之后，他才被圣灵充满。

如果你正在恳切寻求神的灵在你生命中的突破，那么就要考虑在虔诚等候并祷告之外，加上一段时间的禁食。禁食可以是完全禁食，任何食物都不吃。也可以根据自己的健康状况，部分禁食。当你寻求见到神时，让神引导你如何禁食吧！[15]

---

[15] 并不是神不知道最后的一天究竟什么时候会到来。祂是无所不知的，一切都在祂的全然控制下。但是从我们的角度来看，当我们看到神通过一个顺服的人以强有力的方式行事时，历史故事的主线似乎加快了。由于我们不知道历史发展的确切进程，我们与神一起参与加速历史故事的主线。

思考题

1. 在阅读本章所述的祷告等候过程时，神赐给你的最重要的信息有哪些？

2. 复习"蒙神喜悦的祷告"这部分。此时此刻，在你生命里，你最需要祷告的是哪一个祷告？现在就选择这个做祷告吧。

3. 顺服的祷告不仅是为了了解神的旨意，而且是为了有勇气去做。你愿意向神祷告求祂赐给你勇气去做神在祷告文中向你显明的一切来荣耀神吗？

4. 是否需要花一段时间去禁食以实现生命的突破？如果需要，现在安排吧——最好与一群朋友一切安排。

插曲：历史的故事主线

我们经常提出错误的问题："神对我的生命有什么样的旨意？"这个问题是以自我为中心的。它关注的是你和你的生活。

正确的问题是："神的旨意是什么？"。仅此而已。然后需要问："我的生命怎样才能最好地服务于此？"要荣耀神的名，首先你必须明白神在我们这一代所做的事有哪些。

要弄清楚这一点，你需要知道神在历史中所做的事情：从创世纪 1 开始并将在启示录 22 中完成的故事主线。然后你可以在历史主线中找到你的位置。

神赐给每一代人一个旨意，让他们为神的计划做出贡献：

大卫在世的时候**遵行了神的旨意**，就睡了，归到他祖宗那里，已见朽坏；

（使徒行传 13：36，粗体字是重点）

大卫发挥了重要作用，因为他作为主角为历史做出了贡献——他不仅仅是故事中的一个侧面人物。他成为历史的主角并非由于偶然。他成为了主角，因为他有正确的心：

[神]既废了扫罗，就选立大卫作他们的王，又为他作见证说："我寻得耶西的儿子大卫，他是合我心意的人，**凡事要遵行我的旨意**。"

（使徒行传 13：22，粗体字是重点）

在亚伯拉罕时代，神向色列人民应许两个计划：其一，神将迦南全地赐给以色列人，其二，地上的万族都要因以色列人得福。该计划的第一步（获得迦南全地）花了一千年！直到神找到了合神心意的大卫王，以色列终于从他们所有的敌人身上得到了安息（耶和华使他安靖，不被四围的仇敌扰乱。撒母耳记下 7：1）。**所有地方都被他们征服了**。

我们天父的心才是历史的故事主线。当祂找到合祂心意的主角时，祂加快了故事主线的节奏。[16] 神经常等候，直到祂找到为祂的旨意而活的人，才藉着这个合神心意的人去成就自己的旨意。但是当神找到一个合意的人后，故事主线就会加速。神正在呼唤新一代，不仅仅加入到历史发展的主线中，而是去加速故事进程更快达到高潮，从而完成这个主线。将来有朝一日，那一代人会说，"**再没有可传的地方了，都已经被神的国度征服了，所有地方。**"就像大卫当年征服迦南全地，使徒保罗走遍罗马帝国传扬基督一样（但如今在这里再没有可传的地方。罗马书 15:23）。

这部历史书的作者就是神。一旦你懂得了故事主线，你就可以在主线中找到属于自己的位置，不是作为一个次要角色，而是作为一个神的大能力量所推动的主角。了解故事主线就是了解神的旨意。

伟大的故事主线从创世纪（创世纪1）开始，结束于最后成全（耶稣归来；启示录22）。这是一场伟大的接力赛的故事，将耶稣的好消息带到地球上每一个福音未达之地。每一代都有自己的一圈赛道要完成；每一代人都应该加快故事主线。但是最后一代人将完成福音接力赛的最后一圈，最后一代人将会为故事主线带来高潮——最后一代人将见证万王之王耶稣因其贯穿历史之久的努力而获得父的奖赏。

福音接力赛将会有跑最后一圈的一代人。为什么最后一代人不应该是我们？

在我们这一代，神在故事主线中做了前所未有的事情。如果我们选择接受神赐予我们的角色，祂就会让我们完成这个故事。

不要忘记故事主线

在他生命的最后一章中，彼得呼召耶稣的追随者们去记住他们在故事主线中的角色。当他的死亡临近时，他勉励教会继续进行神国的接力赛，而不是放松步伐。

---

16 从医学角度看，禁食超过四十天是危险的。因此，进行长时间禁食前，请咨询医生。如果怀孕或者疑似怀孕，请勿禁食。禁食方面的书籍很多。建议禁食前选择一本禁食类书籍读完。

插曲：历史的故事主线

我以为应当趁我还在这帐棚的时候提醒你们，激发你们；

因为知道我脱离这帐棚的时候快到了，正如我们主耶稣基督所指示我的。并且，我要尽心竭力，使你们在我去世以后时常记念这些事。

（彼得后书1：13–15）

彼得一直为了主耶稣的回归而活，他在神国历史的故事主线中扮演着关键角色。在临死前，他呼吁门徒加快故事主线，以催促神的日子这个高潮的来临。

这一切既然都要这样融化，你们应当怎样为人，过着圣洁和敬虔的生活，等候并**催促神的日子降临**呢？

（彼得后书3：11–12，粗体字是重点，新译本）

在他生命的最后一章中，彼得用提醒的话来激起耶稣追随者的真诚的心。他再一次提起了伟大的诫命——故事主线：

亲爱的，我现在写给你们的是第二封信。在这两封信中，**我都用提醒的话来激发你们真诚的心**，叫你们记起圣先知说过的话，和主救主借着使徒传给你们的诫命。

（彼得后书3：1–2，粗体字是重点）

他们的心是真诚的，但他们很容易忘记情节，忘记他们有目的的角色。**在历史的故事主线中，真诚不能代替目的性**。你是否在故事中有目的地扮演自己的角色呢？

彼得提醒他们耶稣诫命所赐予的故事主线：

这天国的福音要传遍天下，对万民作见证，然后末期才来到。

（马太福音24：14）

你知道故事主线吗？故事主线就是马太福音24：14的盛大赛跑——将万王之王耶稣公义的主宰带给每一个人，每个部落，每个民族，每个国家。

历史的目的

这个基本的故事主线贯穿整本圣经，贯穿了圣经六十六卷中的每一卷。但它很容易被遗忘，许多人嘲笑这样的想法：

> 第一要紧的，该知道在末世必有好讥诮的人随从自己的私欲出来讥诮说："主要降临的应许在哪里呢？因为从列祖睡了以来，万物与起初创造的时候仍是一样。"
>
> （彼得后书3: 3–4）

这不仅是彼得时代的现实，也是我们这一代的现实。很多基督徒根据个人成就和金钱补偿选择从事什么工作，而不是看这个工作是否服务于神的目的。由于我们某些人头脑里面没有历史的主线这个概念，我们也就不知道为什么自己的生命要服侍万王之王耶稣呢？我们很多人没有选择服侍神的旨意，而是相反，我们忙于赚钱，拥有我们想要的财产，在舒适的环境中养家，实现梦想。吃吧，喝吧，玩吧。

问题在于它只是一个梦想，是虚幻的。现实是：我们的主耶稣的到来是一个现实，祂恳切地希望祂的孩子们通过推进历史的故事主线为祂的到来开路。

历史的故事主线是什么？

- **创造**：在创世记1-2章中，神为了一个目的而**创造了人类**，这个目的就是：在爱慕中成为神的儿子耶稣的新娘（伴侣），永远住在神里面。
- **堕落**：在创世纪3章中，藉着罪恶，**人类脱离了神的设计**，神与人之间的关系破裂。
- **分散**：在创世纪11章中，语言被混淆，**人类被分散**到全地上，与神的救赎脱节。
- **应许**：从创世纪12开始，**神应许**通过神子民（亚伯拉罕的后裔）的分享福音的努力，通过救赎者的血价，**将地球上的人民召回**神自己身边。

- **赎罪**：在福音书中，耶稣付出罪的代价，以便从每个民族（族群）中赎回神的子民。
- **使命**：在祂的尘世时代结束时，**耶稣发动神的子民来完成神的使命**——伟大的故事主线，并承诺赐下祂的权柄让神的子民有能力完成使命。
- **培养门徒**：从使徒行传到今天，神的子民有幸得到了一项伟大的使命：**到全世界万国万民中**，使每一个民族成为耶稣的门徒，使这些门徒成为基督的全心全意的新娘，**去宣告这种救赎**。
- **最后成全**：在最后成全之日，**耶稣将再来，迎娶祂的新娘**：这些新娘是从各国各族各民各方来的，都已经全心全意爱耶稣，心甘情愿嫁给耶稣。（启示录7：9）。

从创世纪3到启示录22的一切都是关于从万国万民中呼召耶稣的新娘。教会的使命只有在新娘准备好之后才会成就。

以下是彼得在他生命的最后一章中提到的故事主线。

亲爱的弟兄啊，有一件事你们不可忘记，就是主看一日如千年，千年如一日。主所应许的尚未成就，有人以为他是耽延，其实不是耽延，乃是宽容你们，不愿有一人沉沦，乃愿人人都悔改。但主的日子要像贼来到一样。那日，天必大有响声废去，有形质的都要被烈火销化，地和其上的物都要烧尽了。

（彼得后书3：8–10）

神很有耐心。在故事主线成就之前，祂不会把祂的儿子耶稣送回来。神并不是故意慢吞吞，因为祂希望所有的民族都能进入祂的国度。耶稣之所以踯躅不前是因为祂的新娘尚未准备好。

神不希望任何人沉沦。祂希望创世纪11章的所有分散的各族各民都成为基督新妇的一部分。

耶稣在马太福音24：14中提到的就是这些民族。祂在大使命中提到的就是这些民族（马太福音28：18-20："使万民作我的门徒"）。启示录中描绘的也是这些民族：

此后，我观看，见有许多的人，没有人能数过来，是从各国，各族，各民，各方来的，站在宝座和羔羊面前。

（启示录 7：9）

这是历史故事主线的高潮：一场盛大的婚礼宴会在举行，庆祝一个准备好的新娘嫁给了圣子。在彼得后书的最后一章中，他提到了这位新娘的聚会，并引用了保罗的书信：

亲爱的弟兄啊，你们既盼望这些事，就当殷勤，使自己没有**玷污，无可指摘**，安然见主；并且要以我主长久忍耐为得救的因由，就如我们所亲爱的兄弟保罗，照着所赐给他的智慧写了信给你们。他一切的信上也都是讲论这事。信中有些难明白的，那无学问，不坚固的人强解，如强解别的经书一样，就自取沉沦。

（彼得后书 3：14-16，粗体字是重点）

保罗使用相同的词语提到了相同的故事主线：

你们作丈夫的，要爱你们的妻子，正如基督爱教会，为教会舍己。

要用水借着道，把教会洗净，成为圣洁，可以献给自己，作**个荣耀的教会，毫无玷污皱纹等类的病，乃是圣洁没有瑕疵的**……

这是极大的奥秘，但我是指着基督和教会说的。

（以弗所书 5：25-27，32，粗体字是重点）

保罗在以弗所书 1 中提到了同样的计划：

上帝用聪明智慧 完成了他的旨意，又使我们知道他已经决定要藉着基督去完成的奥秘。上帝在时机成熟的时候要完成的计划就**是：要使天上和地上一切被造的都归属基督，以他为首**。宇宙万物都要按照上帝的计划和决定来完成。上帝根据他原始定下的旨意，藉着基督拣选了我们作他的子民。

（以弗所书 1：9-11，现代中文译本，粗体字是重点）

神从创造到圆满的计划一直是：让人们从各种语言和文化中重新回归基督的权威并永远做基督的新娘。

但是现在，那个新娘是不完整的。她仍然缺少一只手臂，一只眼睛和一只脚。她的衣服仍然瑕疵和皱纹。新娘尚未准备好。新郎站在祭坛上准备将他的新娘拥入怀中，但是新娘似乎并不急于为婚礼做好准备。

但新娘的姿势正在发生变化。这是我们这一代人的伟大区别之一，它指出了在故事主线中我们所书写的这一章的唯一性。在过去的二十年里，全球教会已经加快了步伐，吸引了仍然存在于世界上的八千多个未得之民的族群——这些人只是世界各地仍然没有成为基督新妇的人中的一部分。

我们即将结束福音接力赛的比赛。我们已经接近福音未达之地的边缘了。

但是在历史的我们的这一章中已经形成了更令人兴奋的东西。虽然这是一个很好的第一步，但吸引每个族群的参与从来都不是我们的目标。完全让这些族群顺服神才是我们的目标。这就是事情变得激动人心的地方。

神的灵正在通过祂在各大洲已经顺服的追随者来加速故事主线。祂正通过使徒行传那样的运动——植堂运动来做到这一点。

有效地接触世界上二十亿福音未达之民的唯一途径就是通过神的国度在他们中爆发，就像在使徒行传中一样。不是藉着外来的宣教士够着他们每一个人，而是通过外来的宣教士发展第一批门徒，这些门徒将以同样的方式一代一代地发展门徒。

耶稣告诉我们要祈求神的国像在天上一样完全降临到地上（马太福音6：9-10）。这一直是我们天父的心——祂的国在极大的激流中有力而有效地降临地上，而不仅仅只是用涓涓细流的方式。祂希望祂的王国在你周围和地球上每个黑暗的地方爆发式增长。

在我和家人在亚洲的一个福音未达之地工作的一些黑暗日子里，我逐渐意识到：除非神的国度像使徒行传中那样爆发式增长，否则我们就是打了败仗。那个地方如果全部未得之民族群都参加去做礼拜，需要五千座教堂。我们这些外来的宣教士们根本无法拓植这么多教堂。即使每年开办二十座教堂也需要250年！

我们需要一个门徒和教会的运动,乘以神的灵的大能,而不是乘以外国宣教士的力量。在三年半的时间里,我们依靠神的力量而努力,但却没有多少果子——只发展了两个门徒,没有建立教堂。

但是当神的灵爆发时,暗无天日的黑暗转向阳光明媚的正午。第一年,我们建立了25个新教堂。第二年教堂数量成了76个。第三年,他们激增到175个教堂。在他们的门徒训练中,一个植堂或门徒培养的运动已经扎根。

当福音进入未达之地时,神的国度必须如火山一样迸发。耶稣预见一代门徒培养下一代门徒,下一代门徒再去培养下下一代。祂想要一代教堂去拓植新一代教堂,新一代教堂再拓植下一代教堂。这就是使徒行传中发生的事情。这是早期门徒训练的 DNA:每个门徒都应该既是耶稣的追随者又是得人的渔夫——去培养新门徒(耶稣对他们说:"来跟从我,我要叫你们得人如得鱼一样。"马可福音1:17)。

耶稣不满意于有一个弱小的或不完美的新娘。祂想要来自每个民族的无数人做祂的新娘。这样做的唯一方法是通过神国在每一个民族中信徒倍增而实现。神的运动的势头正在再次变得浩浩荡荡!

在20世纪90年代末,通过计算了我们所参与的运动,我可以计算出世界上存在着大约8到10个植堂运动(CPM)。在2003年,我估计大约有30个。2008年,我和一群同事估计了全球有78个CPM。截至2017年10月,我们的联盟(称为24:14)可靠记载了全球已经拥有超过600个植堂运动,还有很多事工也接近运动阶段了!过去的二十年,全球新增4900万新的门徒和360万个教堂。

你是否在我们的故事主线章节中看到了神在做什么?祂正在加速历史的时间表!

虽然仍然有数以千计的未得之民族群和数以千计的福音未达之地,那里还没有教堂倍增,但由于运动的隐藏的原动力是圣灵,所以我们心中要充满希望。虽然差距仍然很大,但是差距缩小的速度正在加快。神正在加速这一天。植堂运动的数量一直在迅速增加,请看下图:

插曲：历史的故事主线　　103

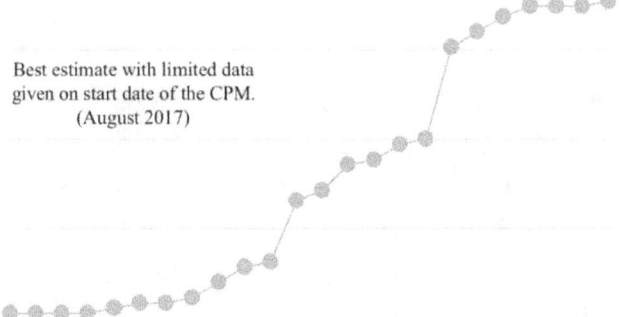

植堂运动数量增长图
（数据源自 24：14 联盟）（根据有限资料绘制，数字是最佳估算值）

好像现在又回到了使徒行传的时代了。

催促神的日子

在彼得提醒早期的门徒这个故事主线之后，他呼吁门徒加入神的计划，以加速基督再来的末世早日到来。

既然这一切都要如此消失，你们处世为人必须圣洁敬虔，**等候并催促神的日子来到。因为在那日，天要被火烧而消灭，天体都要被烈火熔化。**（彼得后书3：11－12，和合本修订版，粗体字是重点）

"等候"意味着"悬而未决，处于焦灼等候状态，心神不宁"，就像你无法停止翻动惊险小说的页面一样。你心里有悬念吗？你是否热切期待这场盛大故事情节的结局？你是否期待这个伟大的王国福音接力赛比赛的最后一圈？

神赐给我们一个惊人的特权，在历史的福音接力赛比赛中加入祂，以加快教会走向终点的步伐。正如你期待这一天一样，你蒙主的召唤去催促——或者说加速其到来。我们必须团结世界各地的神的子民（亚伯拉罕的子民），成为一个强大的团队，以献祭的精神向着历史故事的最后阶段奔跑。高潮已经在我们的视线中了。借着圣灵的力量，我们可以成就这个故事。

游泳史上最伟大的比赛最后阶段之———最后一圈跑道——发生在2008年北京奥运会男子4x100米自由泳接力赛。迈克尔·菲尔普斯和他的三个美国队友处于下风。在最后一圈，他们几乎落后第一名近两米。以前默默无闻的泳坛老将詹森·雷扎克作为最后一棒在出发时落后对手半个身位的情况下，在最后50米奋起直追，速度超出了所有人的预期，最终以0.08秒的微弱优势战胜了法国队，实现了大逆转，为美国队赢得了这块来之不易的金牌。当人群为之疯狂时，播音员不停地说，"我简直不敢相信！这是不可能的！"这是现代奥林匹克历史上最令人惊叹的最后一圈，游泳者雷扎克之前相对而言名气不大。

这场比赛的重播揭示了两个团队加快了这个非凡的结局：

雷扎克的三名队友站在终点线，催促他加快步伐

雷扎克本人越游越快，超出想象地快

一大群见证人——那些在我们之前已经跑完他们在历史故事中的行程的圣徒们（我们既有这许多的见证人，如同云彩围着我们，就当放下各样的重担，脱去容易缠累我们的罪，存心忍耐，奔那摆在我们前头的路程。希伯来书12：1）——在为我们摇旗呐喊加油，刺激我们前进。圣徒们已经在福音接力赛的跑道上做出了他们的贡献。我们需要跑完这场福音接力赛。为了荣耀这些圣徒的努力，还有比跑完接力赛更好的方式吗？

将有一代人来加快步伐，来完成其他人已经开始的工作。借着圣灵的能力，这代人会充满信心，甘于牺牲，努力奔跑，超越所有的期望。

然后，当新郎准备好时，祂会回来。

赶快来扮演自己的角色吧！

在彼得后书3：14，彼得发出了最后一个伟大的呼召，号召信徒们毫不拖延地接过他们在历史上的角色：

亲爱的弟兄阿，你们既盼望这些事，就当殷勤①，使自己没有玷污，无可指摘，安然见主。（彼得后书3：14）

插曲：历史的故事主线

你想要在圣灵的丰满中行走吗？你是否渴望看到复兴来到你，你的教会或你的组织吗？尽快成为那些在历史故事中扮演你们的角色的人吧。当你服务于历史的故事主线时，天父很高兴为这种努力把圣灵倾泻到你身上。

圣灵不缺；只是缺乏心甘情愿接受圣灵的人！

顺服神的意志意味着懂得祂对我们这一代的心愿。祂仅仅呼召我们这一代去做的是什么？祂呼召我们借着圣灵的能力实现历史的高潮。

为了实现历史的高潮，你需要怎样做？

- **以传福音给未达之地，未得之民为己任**，不论近在眼前还是远在天边。为他们祈祷，捐钱捐物，去（长期或者短期），帮助他们。

- **通过倍增门徒，团体和教会的王国运动来接触他们。** 想了解如何知道你周围的王国运动是否开启以及如何参与世界各地的王国运动，那么请联系我们。

- **做这些事时要有紧迫感，要充满信心，要有牺牲精神！** 现在是时候我们该数算自己的日子，好叫我们智慧地生活（求你指教我们怎样数算自己的日子，好叫我们得着智慧的心。诗篇90：12）。做出完成故事所需的牺牲吧。

一个全球性的运动联盟——24：14——已经出现了，其首要任务是：到2025年，跟每个未得之民和未达之地建立密切联系，向他们提供有效的王国运动战略[17]。你在参与故事主线时并非单打独斗。

神呼召我们让我们这一代人完成这个故事。跳进神的故事中吧，而不是编造一个符合自己兴趣的故事。成为故事中的主角，而不是次要角色。想了解如何加速这一天，请联系我们。

---

17 原文字面意思是"赶快"[NIV]，圣经新国际版（New International Version），是目前最普遍的英文版本。——译注。

我们在这个全球联盟中的所有人都是志愿军。我们为了国王的爱而这样做，无论我们从事哪种工作去养家糊口。

在神掌权之日，将会有最后一代人为故事带来高潮：

你跟仇敌作战的时候，你的人民会自愿从军；你的年轻人像清晨的甘露，要到圣山来就你。

（诗篇 110：3，现代中文译本）

他们会这样做，因为在他们对新郎耶稣的爱中，他们渴望带来祂的新娘。他们将自愿从军成为这项事业的甘心祭（志愿军）。他们的人数将变得如此众多，以至于他们将像清晨的甘露一样遍满地球。他们将成为邪恶和堕落的一代中的圣人。

我们能成为最后一代吗？

你愿意加入这一代吗？

真正的问题应该是："神的旨意是什么？"仅此而已。

然后问下一个问题："在这一代人中，我的生命如何才能最好地服务于这一旨意？"

耶稣向所有参加这项事业的人承诺祂会与他们强有力地同在（凡我所吩咐你们的，都教训他们遵守我就常与你们同在，直到世界的末了。马太福音 28：20）。

会有人去完成这个故事。为什么不是我们呢？

插曲：历史的故事主线

思考题

1. 你能用自己的话说出历史的故事主线吗？
2. 这如何理解我们周围发生的事情？
3. 主角还是次要角色，你现在是哪个还是介于两者之间？
4. 你的生命怎么能最好地加速历史的情节，让你成为一个主角，而不是一个次要角色？

第六章：
在祷告中等候神（第 2 部分）

既然被充满是一个被动的理念，即神必须对我们采取行动，因此，我们必须在祷告中等候神，正如耶稣在五旬节之前命令门徒做的那样。如前所述，神渴望接近你。不仅仅是你在等候祂，祂也在等你。祂希望你在祂面前谦卑，而你的谦卑常常在你态度虔诚时发生。

顺服祂的意志和每一句话
在祷告中**等候**神
避免犯罪，让神清除一切不义
追求圣灵的启示

在圣经中，在祷告中等候神有两种形式：较长的等候期和较短的等候期。让我们把前一个称为"四十天的时间长访"，后一个称为"频繁的短访"。在这两种等候期里，门徒们用上一章提到的各种类型的祷告文进行祷告。

四十天时间长访——深度做工

在圣经中，门徒第一次，第二次或第三次被神的灵充满的例子经常需要更长的等候时间。例如：

- 摩西在西奈山禁食四十天（出埃及记 34：28）
- 耶稣在旷野禁食四十天（马太福音 4：2）
- 门徒在楼上房间里祷告十天（使徒行传 1：13-14）
- 大数人扫罗在大马士革禁食祷告三天（使徒行转 9：9-11）

让我们根据摩西和耶稣的事例把这段时间形象地称为"四十天时间的长访"。在这段时间里，神和祂的仆人一起奇妙做工。

第六章：在祷告中等候神（第 2 部分）

如果你严肃认真对待被圣灵充满，那么你也必须认真地要花时间等候神的到来。**今天的快节奏文化完全不适合圣灵的充满。今天的社会流行"三个简单步骤搞定一件事"，但是根本不适合等候神的动工。**今天的"人什么都能做"的心态也跟在祷告中等候神掌权的既主动又被动的理念相悖。

圣灵的充满没有捷径可循。这需要时间。神会在祂决定掌权的时候出现，而不是你命令祂出现的时候出现。

在楼上的房间里，门徒们完全专注于神和祂的旨意。他们远离自己的家，团结在一起等候神。圣经中的门徒与神相遇的方式是在一个他们不会被打扰的地方长时间等候。

摩西第一次遇见神掌权，也是发生在他一生中最遥远，最荒凉的地方：

> 那时，摩西正在牧放他岳父米甸祭司叶忒罗的羊群。有一次，他把羊群领到旷野的尽头去，到了神的山，就是何烈山。耶和华的使者从荆棘丛里的火焰中向摩西显现。摩西观看，看见荆棘被火烧着，却没有烧毁。
>
> （出埃及记 3：1-2，新译本，粗体字是重点）

圣经没有详细说明在燃烧的灌木丛中与神相遇的时间多长。很可能，这不仅仅是一个小时的谈话。这不是摩西的"每日静修时间"，它比单独与神在几分钟内就能完成的事情要长得多，更戏剧化。

在旷野的尽头，一切分心的因素都被从摩西内心清除。羊群在四周，他独自一人与神在一起。神用两种非凡的方式在摩西的生命中做工。首先，祂赋予摩西一个使命；其次，祂对每一个障碍都作出了回应。

摩西有时间坚持不懈地解决每一个障碍，神也有时间通过祂爱心的忍耐来回应每一个障碍。这种与神的邂逅只能在一个从容不迫的时候培养出来的。当摩西顺服了主时，神答应摩西祂会以特殊的形式与摩西同在。摩西有足够的时间逐一解决其面临的障碍。

同样地，先知以利亚在大动乱的时候禁食祷告四十天（列王纪上19：8）。在旷野，在神的山上，以利亚向耶和华吐露了自己的难处，坦诚了自己对神的荣耀的热心，并表达了深深的忧虑。在这漫长的时期里，以利亚探究了沮丧和绝望的深渊。神回应以利亚用的是温柔有形的方式，不是像狂风，地震，或者烈火，而是在低语中。以利亚有时间在神面前，处理他的忧虑。

同样地，耶稣在旷野四十天的日子里，敌人引诱我们的主偏离自己的使命，不去做受苦的仆人。魔鬼为弥赛亚提供了一条通往同一目标的错误道路。这四十天给了耶稣受考验的时间，也给了祂向敌人宣告祂将是怎样的弥赛亚的时间。

后来，保罗（曾是教会的逼迫者，时名扫罗）在大马士革城禁食祷告三天。很可能，神给了他时间来评估自己的前半生。保罗提到了他前半生迫害教会的罪行并悔改：

我原是使徒中最小的，不配称为使徒，因为我从前逼迫神的教会。然而，我今日成了何等人，是蒙神的恩才成的，并且他所赐我的恩不是徒然的。我比众使徒格外劳苦；这原不是我，乃是神的恩与我同在。

（哥林多前书15：9–10）

神把谦卑和顺服赐予祂的仆人。祂赐给祂的仆人机会去计算神给他的使命的代价。神告诉为保罗祷告的亚拿尼亚：

主对亚拿尼亚说："你只管去！他是我所拣选的器皿，要在外邦人和君王，并以色列人面前宣扬我的名。我也要指示他，为我的名必须受许多的苦难。"

（使徒行传9：15–16）

扫罗有时间来研究他生命中这一重大转折的含义：忏悔老我，接受宽恕，并计算使命的代价。

养成长时间等候的唯一方法是独自呆在一个不会被打扰的地方。理想的情况是在一个静修场所，一个树林中的小木屋，一个

第六章：在祷告中等候神（第2部分）

度假之家，甚至一个营地的帐篷里，待上几天。找一个跟平时环境不一样的地方，把生活和工作的需求抛在脑后，完全专注于神。把电子邮件，工作文本，网页浏览和社交媒体收起来。断绝这些，其目的是寻求天上的父。

你的目标是把你的心带到一个地方，在那里祂可以更充分地把祂自己托付给你。行邪术的西门信耶稣以后，从彼得和约翰的生命中，看见了圣灵后来的大能。然而，他的心是错的。他渴望的是权柄，而不是神：

西门看见使徒按手，便有圣灵赐下，就拿钱给使徒，说："把这权柄也给我，叫我手按着谁，谁就可以受圣灵。"彼得说："你的银子和你一同灭亡吧！因你想神的恩赐是可以用钱买的。你在这道上无分无关；**因为在神面前，你的心不正。**"

（使徒行传8：18－21，粗体字是重点）

拥有正确的心是神在你的生命中掌权的基础。如果你将要用我们这一代最先进的手术设备进行心脏手术，你会把自己托付给一个还没有掌握这种设备的大学一年级医学生吗？你只会相信一位持有执照的心脏外科医生，因为心脏非常娇气，手术设备非常强大，需要医生花很多时间练习手法，操纵设备。只有受过严格训练，意志坚定，头脑冷静的人才能正确使用这种力量。

神为什么要把祂的灵的能力赐给一个祂不能信任的心呢？

你是神会使用的那种人吗？

你是那种神将祂的灵的大能托付的人吗？

你值得神将天国运动托付的人吗？

神把祂的灵托付给你，不是基于你属灵成就的高度，而是基于你心里的态度。祂寻找的不是属灵上的巨人，而是顺服的心。现在，你可以选择谦卑自己，成为祂要找的那个人。

与神"四十天"长访时间应该包括给神足够的时间出现。休假几天，抽身陪伴神。在这本书的末尾有一个指南，它详细介绍了如何做到这一点。它是一个帮助你与神相遇的指南。我称之为"顺瓦普聚会"，这是一个延长的时间，让你遇见神和转移你的控制权给神。书的末尾还包括一个指南，引导你的小团体，教会或组织连续几个晚上或几天等候神，重新顺服，并求祂像过去一样出现。

甜蜜的蜜月

在这里，婚姻的类比对我们特别有帮助。在一对夫妇在婚礼当天宣誓彼此顺服后，他们通常会在接下来的一段时间里抽身一起去度蜜月。不管蜜月跨越的时间长短，它都意味着要把配偶拉得更近。一对新婚夫妇刚度完蜜月回来，这事一眼就能判断出来。他们的眼睛闪闪发光。他们如胶似漆。他们不能停止谈论彼此。他们在恋爱中。

许多年前，我和我妻子为我们的婚姻学习了一种培养亲密关系的课程。每五年，我们再欢度一个漫长的蜜月来重新点燃我们婚姻的火焰。此外，在这些蜜月之外的时间，如果我们感觉我们的亲密和温柔已经停滞不前，我们就出去花一两个晚上去度一次迷你蜜月。

不管是时间长还是短，我们在蜜月期间的日程安排都是仅仅关注彼此。没有电子邮件，没有工作，没有电话。我们只有二人世界。当我们度完蜜月回来的时候，你可以在我们身上看到蜜月的踪迹。我们的眼睛闪闪发光。我们如胶似漆。我们想和遇到的任何人谈论彼此。结婚三十年后，这些蜜月继续燃起我们关系的火焰。

在我们度蜜月的时候，我和妻子不寻求亲密。相反，我们寻找彼此。我关注我的妻子，她的需求，她惊人的品质，以及为什么我当初娶了她。我服侍她，宠爱她，祝福她。我把自己的爱倾注在她身上。我对她格外温柔。她对我也是这样。我们把彼此放在第一位，让彼此感觉无可替代。我们变得如鱼得水。

在这段时间里，我们不仅要表现出彼此的温柔和爱意，还要谈论生命中更深层的问题。我们需要时间去分析这些问题并找出我们应该如何应对。只有长时间的相处才能给我们深入交谈的空间。我们讨论我们的优先事项，希望和计划。

第六章：在祷告中等候神（第2部分）

我们发现，日常生活的节奏跟蜜月大不相同，我们通常不能在日常生活中每天深入讨论这些话题。但是蜜月让我们有足够的时间深入问题，在一段充满爱和亲密的关系中解决问题。蜜月是标志，表明我们保持在正确的轨道上和正确的关系中。蜜月还是支柱，每天的谈话以及每周的约会都是建立在这些支柱周围的，我们借此保持亲密关系并完善我们的生命。

与你的天上的父共度四十天，或者共度顺瓦普聚会，完全可以被视为与你的爱人共度蜜月。无论是两个晚上还是两个星期，我们的目标都是回归与神的亲密关系。是的，你想被圣灵重新充满。但你的目标不是仅仅经历。你的目标是与神亲密。仅此而已。不要寻求经历到圣灵，而要寻求赐予你经历的那位神；不要寻求圣灵带来的效果，而要寻求圣灵本身。

你的目标还有一个，也就是听取祂的意见，这样祂就能为你的下一个人生阶段设定优先次序。祂想向你显明祂对未来步骤的计划。祂想清除罪恶。在平日的静修时间，你每天只给祂十五，三十或六十分钟，而在类似四十天深度修行这段较长的时间里，祂想跟你谈论更深刻的事情。你的目标是听祂说话，对祂更加敬畏。你的目标是精神饱满地爱上你的造物主。

当你计划你的顺瓦普聚会时，目标是你能抽出的最大长度的时间，而不是相反。为神抽出时间，这样祂和你才能一起深入。我和我妻子希望我们的大部分蜜月时间更长。你难道不想和你的所爱的神有更长的时间，不被外界打扰地在一起吗？

如果今天耶稣的门徒能够抽出更长的时间与神在一起，仅仅专注于神，那么一般来说，教会就会获得新生。如果耶稣的门徒与祂独处很长时间，神的优先目标就会成为门徒的优先目标。

频繁短访——保持圣灵充满

但耶稣的名声越发传扬出去。有极多的人聚集来听道，也指望医治他们的病。耶稣却退到旷野去祷告。

（路加福音 5：15 – 16）

耶稣经历了戏剧性的遭遇，神的灵充满了他。耶稣受洗的时刻是耶稣向天父所赐的事工完全顺服的时刻，耶稣被圣灵充满了。天父从天上发出声音：

> 你是我的爱子，我喜悦你。
> （路加福音3：22）

旷野时期是耶稣在圣灵带领下又一次与天父的戏剧性相遇（耶稣被圣灵充满，从约但河回来，圣灵将他引到旷野，四十天受魔鬼的试探。路加福音4：1）。耶稣从旷野回来的时候，被圣灵充满了（路加福音4：18）。

那些与神的圣灵长时间的、戏剧性的相遇在耶稣的生命中是很重要的。即便如此，耶稣也常常突然到旷野去，与天父独处。随着耶稣的受欢迎程度的提高，群众的要求也越来越强烈，祂仍然保持了退隐到偏僻地方向父祷告的优先权。耶稣经常短访——远离信众去见天父。

在这些短访中发生了什么？圣经暗示了答案，在对耶稣的生命需求增加的时候提到了他们。

例如，在马可福音第一章中，耶稣在迦百农城经历了一整天富有成效的事工，全城的人都受到祂的布道和医治的影响。耶稣晚上睡得很晚。第二天早上祂做了什么？

> 次日早晨，天未亮的时候，耶稣起来，到旷野地方去，在那里祷告。
> （马克福音1：35）

耶稣去见天父了，这是祂常做的短访之一。祂祷告的目的是什么？我相信耶稣在问祂的父亲如何看待前一天的成功。祂在聆听天父的话，在向父重申祂对自己顺服的道路的承诺。耶稣完全依赖父亲的领导。在另一段中也看到了耶稣的这种生活方式：

> 耶稣对他们说："我实实在在地告诉你们，子凭着自己不能做什么，惟有看见父所做的，子才能做；父所做的事，子也照样做。父

爱子,将自己所做的一切事指给他看,还要将比这更大的事指给他看,叫你们希奇。"

(约翰福音 5: 19 – 20)

在马可福音第一章,耶稣祷告的时候,门徒寻找祂,最后找到了祂。他们告诉祂:"每个人都在找你。"这是几乎所有事工的人都想听的话。

然而,耶稣违背了他们的期望。祂选择继续前进,而不是留着原地,在成功的基础上拓展。

耶稣对他们说:"我们到邻近的乡镇去吧,我也好在那里传道,因为我就是为这事而来的。"于是他走遍加利利全地,在他们的会堂里传道,并且赶鬼。

(马可福音 1: 38 – 39,新译本)

前一天的成功,本可以吸引任何人留下来留恋。但是,耶稣的做法正好相反。耶稣继续执行使命,要走遍加利利全境。祂坚持照着父给祂的指示做。耶稣经常短访,与祂的父亲会面,这样使祂的生命以天父和祂的荣耀为中心。

同样地,路加福音 5: 15 为我们提供了路加福音 5: 16(频繁的短访)的背景:

但耶稣的名声越发传扬出去。有极多的人聚集来听道,也指望医治他们的病。耶稣却退到旷野去祷告。

(路加福音 5: 15 – 16)

随着耶稣名声的传播,经文中强调指出了耶稣和父独处的次数。每次和父独处,耶稣在祷告中把每次经历和每天的生活过滤一遍。我们也必须如此。

用圣灵的新酒装满你生命的酒囊是一回事。但是时时刻刻都让你生命的酒囊保持圣灵满满则是另一件事。有时酒囊会完全变空,需要四十天再次装满。但在大多数日子里,我们都仅仅需要让圣灵保持充满状态。当我们经常抽身并和天父在一起的时候，生命的酒囊就会被圣灵充满。

每一个弟子都需要用这两种方式与神相遇：较长时间的长访和较短时间的短访。你需要更长的时间让圣灵在你心里做更深入的工。但你也需要养成与主同在的训练。你需要保持圣灵充满的训练。圣灵充满源自你频繁短访进入祷告室，或者静修。你对神的频繁短访可以包括在树林中远足，或在湖边祷告——任何你觉得安全和舒适的地方都可以见到神。这些时间帮助你日复一日地保持顺服状态。

静修时间的目标

每一天，最好在早晨，你需要从容不迫的时间单独与神相处。我们常称之为"静修时间"或"虔诚时间"。这个静修时间的目标，不是把它从每一个成长中的信徒应该从事的属灵训练的日常清单上打勾划掉。我们静修的目标，不是天明第一件事就是和神在一起，以确保神全天保佑你。

静修时间的目标是：确保你仍然顺服。静修时间的目标是：与神相遇，聆听神的声音，并顺服神当天的计划。你的静修的时间是你的一个机会，你再次在空白页上签字顺服耶稣基督的每一个命令。

静修时间和住在基督里不是一回事。

静修时间的目的是让你进入到圣灵里行走，或整天住在基督里。早晨的静修时间是你与神的约会时间，让你整天与祂保持联系。住在基督里，这是你的心应有的姿态，应该贯穿全天时间。

乔治·慕勒 [乔治·慕勒 (1805—1898)，世界著名的牧师和慈善家，被称为"信心伟人"。出生在普鲁士，少时曾是惯偷，骗子和赌徒。慕勒在哈雷大学读书时归信基督，24岁时他来到英格兰，后来成为牧师。1836年起，身无分文的慕勒开始照顾孤儿的工作。他从来不为自己的孤儿院募捐，而是仅仅靠向上帝祷告，感动别人送上爱心奉献。1870年，他建成了当时世界上最大的阿什利顿孤儿院，可以同时收纳2000名孤儿。慕勒在他的一生中总共照顾了超过10万名的孤儿，并以他的影响力，使得英国的流浪孤儿问题得到了根本上的改善。慕勒晚年旅行20万英里，到42个国家布道，这时他的讲道已达炉火纯青。——译注] (1805-1898) 是耶稣著名的仆人。在英国生活期间,他在经济上支持了几个孤儿院,他完全是通过祷告来实现孤儿院的运转。他下定决心,他所需要的一切钱都将通过祈求天父来感动人们的心。因此,慕勒从不向任何人要钱。通过祷告,慕勒天天都会收到人们主动送来的给饥饿儿童所需的食物。慕勒开启每天生活的方式是他信仰中关键的一部分。他的观点是,他每天与主在一起的时间有一个目标:**让他的灵魂在主里快乐。**

慕勒说:我比以往更清楚地看到,我每天应该做的第一件大事,就是在主里使我的灵魂快乐。首先要关心的不是:我能为耶和华作多大的事,我能怎样荣耀耶和华;而是:怎样使我的灵魂进入快乐的状态,怎样使我内心的自我得到圣灵的滋养……我发现我必须做的最重要的事,是专心阅读神的道,并对它进行沉思。

根据我的判断,最重要的一点是:确保你的灵魂在主里是幸福的。其他事情可能会压在你身上,主的工甚至可能对你的注意力有迫切的要求,但我深思熟虑反复强调的是——让你的灵魂在主里真正快乐,这个的重要性是至高无上的,是你应该寻求最重要的事情!日复一日地努力使这成为你生命中最重要的事情吧。在过去的五到三十年里,这一直是我的坚定和稳定的状态。我信主后的头四年里,我并不知道这一点有多么重要,但现在,在经历许多之后,我特别推荐这点提请主内的弟兄姐妹注意:所有真正有效的事奉的秘密,都是在神里面的喜乐,与神有实实在在的相识和相交。[18]

学习慕勒的榜样吧。跟天父独处的时间使慕勒的灵魂在主里快乐,这样他的信心就产生了。在主里快乐的部分原因是慕勒有能力使自己的心不偏不倚或顺服。

你每天早上单独和父在一起的时间就是为了这个目的。这就是为什么你需要与神从容不迫地共度时光。与神待在一起,直到你的灵魂快乐。

---

[18] 乔治·慕勒,《关于上帝与乔治·慕勒的一些故事》(粗体字是重点,系引用者所加) A Narrative of Some of the Lord's Dealing with George Muller, Written by Himself, Jehovah Magnified. Addresses by George Muller Complete and Unabridged, 2 vols. (Muskegon, Mich.: Dust and Ashes Publications, 2003) 2: 73031.http//www.Desiringgod. org/messages/george-muellers-strategy-for-showing-god#67. (Author's emphasis added.)

你怎么能让你每天的静修时间变成现实呢？我建议你为你的静修时间指定一个地点。我的静修地点是一把皮革扶手椅，非常舒服，几乎包裹住我。天凉的早晨我可以身上裹上一条毯子保暖。在我的椅子旁边是一个架子，上面放着我的圣经，日志，钢笔和圣经参考资料。架子上面是我放咖啡保温瓶和杯子的地方。

这个地方通常是我的办公室，为了方便我把这个地方作为与神的约会场所，我改变了房间的照明。我的皮椅旁边有一盏特别的灯，它照在我的圣经上，提醒我去寻找神。我把笔记本电脑放在离椅子很远的地方，这样我就不会被吸引到一天的忙碌中去，也不会被诱人的屏幕所吸引。

我告诉你另一个秘密：天气好的时候，我偷偷溜到另一个地方静修，在那里我可以听到鸟儿在黎明时醒来。有时，环境的变化提醒我，我的静修目标是寻求神，而不是把我的"每日静修时间"从我的属灵任务清单上划掉。

一个指定的地方（也许还有一个备用的地方）和一个安静的静修时间有助于你生命的定期训练，这样你就可以经历神。

如果你有需要照顾的小孩怎么办？这是一个很好的机会，让你和你的配偶知道如何轮流照顾孩子，这样你们每个人都可以有时间单独与神在一起。如果你是单身父亲或者单身母亲，你可能需要设置闹钟来帮助你唤醒孩子。或者，你也可以请一个大学生在几个早晨顺便拜访 30 到 60 分钟，帮你看孩子，让你有空参加这个重要的每日约会。约会结束后你可以请那个学生多呆一会儿，一起出去吃早餐。

你可以将这些简单的原则应用于任何对神的频繁短访中，甚至用到那些不是你平时静修的地方。譬如你可以在森林中徒步旅行，在湖边漫步，或者在室外的篝火旁偎依，这些地方也需要你遵循上面提到的原则。

与神约会

在我的基督徒生活的早期，神给了我这样一个印象：我的静修时间就是我与神的约会。我喜欢和妻子约会。我预感到约会。我冲向约会。我迫不及待要单独欣赏彼此。尤其是当孩子们很小的时候，我们迫不及待等保姆来，这样我们就可以抽身，早点进入二人世界了。

静修时间也没什么两样。就像祂希望的那样，你从日常生活中抽身而出，秘密地去和天父相遇，和天父建立亲密关系。

你祷告的时候，要进你的内屋，关上门，祷告你在暗中的父；你父在暗中察看，必然报答你。

（马太福音6：6）

但不仅仅是这样。神希望静修时间能过得慢一些。在我和妻子约会时，如果我经常看表，那么这样的约会并不能增进亲密关系。妻子想让我和她在一起的时间里无拘无束，专注。她想让我更多地关注她，而不是关注时间。初为人母或者初为人父时，获得这样的从容不迫的时间是困难的，但也是值得的。现在孩子们都成家搬走了，我们都是空巢客了，我们仍然发现我们需要打破每周的日常惯例，通过约会来增进亲密。

你所爱的主正在呼召你去从容不迫地静修，在祂面前逗留，与祂相会。

除了那些约会之夜，我和妻子还学会了每天一起"醒来"的规律。当我们的三个儿子都很小的时候，我们似乎从来没有找到任何清醒的时刻作为一对夫妇单独在一起。从破晓到筋疲力尽地躺在床上，我们的注意力都集中在孩子们的欲望和需要上。到了晚上，不管我们有什么好的打算，我们都筋疲力尽，无法深入交流。

有一周，我们的婚姻模式改变了。我们决定在孩子们醒之前醒来，这样我们就可以有单独在一起的时间了。我买了一个内置计时器的咖啡机，放在我们卧室的梳妆台上。头一天睡觉之前，我把咖啡渣倒进过滤篮，把储水池装满水，并把定时器设置在早上5：15。

最初的几个早晨非常困难。5点15分，咖啡开始煮，我们的眼睑慢慢地开始颤动。我会蹒跚地穿过房间，倒两杯咖啡。我小心翼翼地走回床上，依靠在床上，开始啜饮。起初，我们很少进行有意义的谈话，但我们在孩子们醒来之前就醒了！这就是成功。但是当咖啡因开始在我们的血管里流动时，我们摆脱了睡眼惺忪，彻底醒来，很快谈话就开始了。

随着时间的推移，这成为我们日常生活中的一个重要部分。在这些时刻，我们会把心连心，谈论生活，经常一起祷告。以这种方式开启一天，我们就可以在全天保持联系和亲密。我们这个先于孩子的醒来时间的目标是：在一白天的照顾孩子的忙乱到来之前让我们的心彼此幸福。

开始的时候，为了不让自己陷入失败的境地，我们每周只试着在清晨醒来四天。这样，我们就可以在另外三个早晨睡懒觉。我们是一对有孩子的已婚夫妇，然而，慢慢地，这种做法改变了我们的关系。在过去的三十年里，几乎没有一个早晨我不给依靠在床上的妻子端咖啡。每天我们都斜靠着床头，把杯子托在手中，谈论着生活。即使孩子们都大了搬出去了，只有我们老两口在家，在忙碌的白天到来之前，让我们的心彼此相连，彼此快乐，这感觉也棒极了。

对我和妻子来说，每天的醒来时间和每周的约会都是频繁短访进入一个亲密的地方，去把我们的心连在一起。再加上我们周期性的蜜月，你可以看到在我们的婚姻中建立了亲密和团结的节奏。

与神的关系没有什么不同。你需要四十天的时间的长访和频繁的短访来建立一个与神亲密的节奏，以培育在圣灵里行走。

你需要经常与神单独亲密短访。短访期间，你要花足够多的时间来慢慢体会神的道，让祂重新与你说话。其中一些时间较短（比如清晨的咖啡醒来时间），一些时间较长（比如每周约会的夜晚）。

你在圣灵里行走不能只通过偶尔进行的四十天长访这种非常强烈的经历而获得。同时，你保持圣灵充满也必须通过每天秘密地短访天父而实现。不论是长时间跟天父在一起，还是短时间跟天父在一起，祂都会继续做出航向归正，直到你生命顺服圣灵。祂将继续在你的生命空白契约页上写下条款。祂会给你一个机会让你保持顺服。祂会重新联系你。

你顺服的时间越长，你在圣灵充实中行走的时间就越长。通过重新陪伴神，你保持顺服。

有时候你可能开始从顺服中退缩，这样的话，你需要抽出一段较长的时间恢复与天父的亲密关系。你需要圣灵重新充满你。这时你需要计划四十天的时间（顺瓦普聚会）的长期灵修。然而，每天单独与祂在一起的短时间灵修，会延长你在神的灵里行走的时间。

主动等候

在祷告中等候神听起来像是一个被动的事件，在许多方面，确实是这样。神必须对你采取行动。但是祷告中的等候神也是一个非常主动的时刻，不仅仅是你在等候神对你采取行动，而是你还在主动地寻找祂，主动因圣灵与你同在而喜悦，主动交出你内心的每一部分，主动承认每一个罪行，主动寻求给祂带来最大的荣耀，主动计算前方道路的每一个代价。

你必须积极地等候神对你采取行动。在整个"等候"期间，无论是时间长还是短——神都在积极地与你互动，呼召你去回应祂。你回应，然后祂又开口，叫你回应。这种双向互动，譬如阅读你的圣经，在日志里记录神对你说的话，祷告中回应神，问祂问题，倾听等等，都是一种积极的等候。

在祷告中等候神，不是倒空自己，也不是等候启示。这是东方冥想的概念。确切地说，在祷告中等候神，是积极寻求神，是用祂的道充实自己，是和祂一起深入。看看摩西在山上面对神的例子，以及他们在四十多天里的惊人对话，你就会明白：摩西是在积极地等候造物主。

安排一次顺瓦普聚会

阅读这本书的一个成果应该是你抽身出来安排一个好几天的时间的顺瓦普聚会来遇见神。关键是要在一个周末或几天内通过顺瓦普流程积极地等候神。如果你是已婚人士，你可能需要让你的配偶周末照顾孩子，自己抽身去聚会，或者你照顾孩子让你配偶去聚会。如果你单身，你可以帮着照看孩子，以便有孩子的夫妇可以有空参加顺瓦普聚会。

我也鼓励你和一群朋友一起安排一次顺瓦普聚会，譬如作为周末的静修活动。在顺瓦普聚会中，当你独自一人的时候，你的思想很容易走神，你的优先权也很容易被忽略。需要训练才能专注于神。但是，如果你的朋友有相同的目标，他们可以帮助你保持勤奋，以遇见神。在顺瓦普聚会期间，你们可以定期相遇，讨论神对你们说的话，并互相鼓励。请参阅本书后面的参考资料，以获取有关如何执行此操作的建议。现在正是一个将顺瓦普聚会放到日历上的好时机。在你进一步阅读之前，请专门拿出一些时间用作顺瓦普聚会之用，不要让任何事情违反时间安排。把将来计划的顺瓦普聚会时间用醒目的颜色标记为忙碌状态，会使那段时间更容易成为优先事项。如果有人想在这段时间和你相约，你可以说，"我已经有约在先了。"这的确一点不假。因为你有一个承诺，承诺花时间和你心爱的人主在一起，承诺求圣灵再次充满你。

思考题

1. 你是值得神将祂的圣灵的大能托付的人吗?神对祂的灵的委托,不是基于你属灵成就的高度,而是基于你心的姿态。你内心需要改变什么来调整你的心态?

2. 把与神的较长时间共处视为"蜜月",如何帮助你思考如何与祂相遇?

3. 把每天的静修时间视为与神的"约会",如何有助于你思考如何与神相遇?慕勒认为,静修时间的目标是让你的灵魂在耶稣里快乐。你能认同乔治·慕勒的观点吗?

4. 既然你已经安排好了你的顺瓦普聚会,你设想它会如何展开?你会自己做还是和朋友一起做?

5. 如果与一个小组讨论,与你的小组讨论你每天的静修时间将在何时何地展开。你怎么能把它指定为与神的约会?如果只有一个人,你怎么能制定一个时间表并让自己承担责任?

第七章
避免犯罪，让神清除一切的不义

顺瓦普（SWAP）框架的前三个方面是**可以同时进行，而不是按照顺序进行的**。它们是同一过程的三个部分，其最终导向是框架的最后一部分：由圣灵掌权。

在前面两章中，我们研究了顺瓦普（SWAP）圣经框架的第二个要素：在祷告中**等候**神。通过在祷告中积极地等候神（第5章和第6章），顺服神的过程（第4章）和本章所描述的忏悔过程可以很好地实现。如上所述，我们需要与神每日"约会"，使我们持续顺服神，向神忏悔和追随祂的领导。但有时候，我们需要抽出更长的时间，才能让神在我们身上更深入做工。

我们经常需要延长时间的原因之一是作为定罪者，饶恕者，修补者的神想要从容不迫地清除我们生命中的罪。但是，作为供给者的神希望让我们超越忏悔认罪点进入与神恢复和谐的关系中。祂想要把我们安置在一个圣洁的处所，在这样的圣洁之地，人们能够**避免犯罪**。这是顺瓦普（SWAP）流程的第三根支柱。

顺服神的意志和祂的每一句话

在祷告中**等候**神

避免犯罪，让神清除一切不义

追求圣灵的启示

三位一体的第三位是圣灵。祂充满并引导的是一只圣洁的器皿，而不是一只不圣洁的器皿。如果我们要去灵里行走——被圣灵引导——我们必须离弃放纵罪恶的生活，去追求正确的生活方式。天父正在为你提供一个被圣灵带领的选择。

因为，随从肉体的人体贴肉体的事；随从圣灵的人体贴圣灵的事。

体贴肉体的，就是死；体贴圣灵的，乃是生命，平安。

> 原来体贴肉体的，就是与神为仇；因为不服神的律法，也是不能服，而且属肉体的人不能得神的喜欢。
>
> （罗马书 8：5-8）

圣灵是一个会苦恼或伤心的人

人们很容易将圣灵视为生活中的非人格力量。非人格化的力量，对人而言，利害关系要低得多。这是星球大战的观点：个人圣洁与引导原力的能力无关。如果圣灵是一种非人格的力量，那么你可以随心所欲地生活。

但圣灵是一个人。祂是来到你生活中的耶稣的灵。由于祂是一个人，祂可能像任何其他人一样被冒犯或悲伤。你邀请圣灵作为客人居住在你的生命中，那么你一定要了解这位客人的喜怒哀乐。正如你关心如何在家中欢迎人类客人一样，你一定要了解圣灵的本性。你的目标必须是：圣灵能在你生命的每时每刻都能完全安逸。

关于被圣灵充满，最常引用的经文是以弗所书：

> 要醉酒，酒能使人放荡；乃要被圣灵充满。
>
> （以弗所书 5：18）

然而，为了正确地理解这节经文，我们必须理解从以弗所书 4：17 开始到以弗所书 5：21 结尾的这长段经文的背景。这部分的许多圣经中的标题可能是"基督徒的行走"，"神的效法者"，"新生活的守则"，"基督徒生活的指示"等等。

这段经文的高潮肇始于以弗所书 4：17 并在以弗所书 5：18 中达到高潮。在这三十六节经文中，保罗强调说**圣灵的充满是清除罪恶的结果**。我们必须清洁我们的内心，让我们的心灵成为神的圣灵居住的舒适之地。

我们已经解决了这个神学问题：圣灵已经常驻在你的内心了。神在救赎你的过程中，承诺不仅要来，而且还承诺要和你在一起，直到你达到天国的荣耀。如果你没有圣灵，你就不是真正的基督徒：

> 人若没有基督的灵，就不是属基督的。
>
> （罗马书 8：9）

当生活在你里面的圣灵被冒犯时,圣经称这是圣灵的"担忧"。如果发生这种情况,圣灵不会离开你的生命,但祂确实会停止充实你的生活。对比圣经中文版的几个译本[本书的英文原版比较的是圣经各种经典英文译本的不同翻译,中文版比较的是圣经各种经典中文译本的翻译。——译注],可以帮助我们更好理解圣灵的这种悲伤:

不要叫神的圣灵担忧;你们原是受了他的印记,等候得赎的日子来到。

(以弗所书 4:30,和合本)

不要使神的圣灵担忧,你们原是受了他的印记,等候得救赎的日子来到。

(以弗所书 4:30,和合本修订版)

别叫神的圣灵担忧了;你们是受他印记作质定,以待得赎放之日子的。

(以弗所书 4:30,吕振中译本)

你们不要叫天主的圣神忧郁,因为你们是在他内受了印证,以待得救的日子。

(以弗所书 4:30,思高本)

不要使神的圣灵忧伤;因为圣灵是神拥有了你们的印记,保证神释放你们的日子就要来到。

(以弗所说 4:30,现代中文译本)

不可让神的圣灵忧伤,因为你们受了他的印记,等候得赎的日子。

(以弗所说 4:30,新译本)

不要让神的圣灵忧伤;你们蒙了他的印记,直到得赎的日子。

(以弗所书 4:30,中文标准译本)

不要让上帝的圣灵担忧,你们已经盖上了圣灵的印记,将来必蒙救赎。

(以弗所书 4:30,圣经当代译本修订版)

这些语言中充满一种紧张关系。这就像圣灵撤退到内室，直到你清理掉你心中的其他房间的不洁，圣灵才能自由自在。祂不会把圣灵强加于你。

请记住，这种关系反映了婚姻。按照圣经的规定，男人和女人婚姻终身有效。虽然他们结合成为一体，但有时夫妻中的一方会悲伤，沮丧，或使另一方伤心，导致夫妻关系紧张。虽然如此，但是婚姻仍然完整，夫妻之间的委身仍然很强，继续在一个屋檐下生活。只是在这段时间内，夫妻之间的和谐关系受到了干扰。

你与圣灵的关系也是如此。祂是你生命中的贵宾——事实上，不仅仅是客人，而是你生命中的主人。但就像在婚姻中一样，你的思想中，言语中，行为中的罪会让圣洁的圣灵感到不安。当圣灵被冒犯时，祂不会离开你。但除非你过着献身于圣洁生活的生活，否则圣灵也不会去充满你的内心。

作为圣灵，神只希望住在圣洁的器皿里。如果我们希望祂完全引导和授权我们的基督徒行走和事工，我们必须遵守祂的条件。祂的条件不仅包括顺服神，还包括圣洁和公义的生活方式；这种生活方式是符合神的神圣的道的标准的。没有办法绕过它：圣灵只会完全引导一个圣洁的人。

以弗所书背景：先清除不义，然后充满圣灵

以弗所书的概要很简单：

第 1-3 章：了解神的荣耀和旨意（神学）

第 4-5 章：方式生活要符合神的旨意（实践）

在上半部分，保罗确保我们明白我们作为神的孩子是完全属于神的，包括让神的灵住在我们里面，永远不离开。神授权我们借着神的大能活出神的旨意。神呼召我们加入神在创世之前就开始的计划，呼召我们将所有的被造物都带到耶稣的主权之下从而成就神的计划。我们不仅仅是门徒；我们更是执行神的大使命的仆人。

更新生命的模式

在以弗所书的下半部分，保罗帮助我们清楚明白如何活出与神的奇妙真理相称的生活。以弗所书 4：17-5：21 阐明了什么是配得神呼召的生活方式。正是这种生活方式邀请圣灵赐予你权力。圣灵的充满（以弗所书 5：18）是这三十六节经文中所描绘的神圣生活方式的高潮和目标。本节开头介绍了圣洁生活的模式：

就要**脱去**你们从前行为上的旧人，这旧人是因私欲的迷惑渐渐变坏的；又要将你们的心志**改换一新**，并且**穿上**新人；这新人是照着神的形象造的，有真理的仁义和圣洁。

（以弗所书 4：22 – 24）

以下是模式：
脱去旧罪（有罪的习惯／做法）（以弗所书 4：22）
更新你的思想（改变你的想法）（以弗所书 4：23）
穿上圣洁的新衣（敬虔的习惯／做法）（以弗所书 4：24）

这三种做法对于更新生命至关重要。观察保罗在说实话时给出的第一个例子（4：25）"所以，你们要弃绝谎言，各人与邻舍说实话，因为我们是互相为肢体。"我们可以发现：

要弃绝谎言
要更新自己的想法（通过意识到我们都是同一个团体的成员）。身体的任何部分（比如腿）都不会向身体的另一部分（比如手臂）说谎。我们都是一体的。

因此，我们**要说**实话

生命更新的关键不仅仅是脱去或打破旧习惯。你必须有意地用新的圣洁习惯来代替坏习惯。但要坚持下去，你的观点必须改变。你的旧的有罪的老我可能会欺骗别人，因为他或她与你无关。但如果那个人事实上是和你志同道合的主内家人——就像身体的各个部分一样亲密——你必须是真心实意而不能欺骗彼此。这就是神的国度的运作方式。

然后，保罗举出了更多的要脱去的罪的例子，提出了需要改变的思维方式，提出了需要施行的圣洁的做法。这种推理的过程（以弗所书 4：25-5：21）如下：

- 谎言（4：25）——弃绝谎言并说实话
- 生气（4：26-27）——放下愤怒并迅速和解
- 偷盗（4：28）——弃绝偷窃，要努力工作和慷慨
- 污秽的言语（4：29）——弃绝污秽的言语，只说造就人的好话
- 怨恨（4：31-32）——弃绝愤怒和怨恨，要表现出善意和宽恕
- 插曲（5：1-2）——效法神，与爱同行
- 淫乱和贪婪（5：3-5）——弃绝所有的淫乱，贪婪，戏笑的话，要过感恩的生活
- 黑暗的生活（5：6-14）——不要像黑暗之子那样行走，要显明所有的罪，要像光明之子一样行走
- 愚昧的生活（5：15-16）——要弃绝愚昧的生活，充分利用你的时间
- 糊涂生活（5：17）——不要做糊涂人，要明白主的旨意
- 醉酒（5：18-21）——不要醉酒，而要被圣灵充满，并要显明圣灵所有的果子

劝诫的高潮出现在以弗所书5：18，即转离罪恶的习惯，以圣洁或公义的方式生活。

做神所使用的器皿

你渴望看到神行走在你生命中吗？你渴望圣灵去更新你吗？你是否渴望以某种伟大的方式被神使用？你是否渴望在这个世界上有所作为？你希望看到"使徒行传"在你身边重演吗？

如果你的回答是肯定的，那么，保罗教导给他的孩子提摩太的圣洁道路，你也必须走。保罗告诫提摩太将自己献上作为神喜悦的工人——神可以使用的那种人：

你当竭力在神面前得蒙喜悦，作无愧的工人，按着正意分解真理的道。

（提摩太后书2：15）

与以弗所书5：18一样，提摩太后书2：15也必须在上下文中明确其意义。在这一章中，保罗鼓励提摩太成为基督的精兵。提摩太被召来去培养可以培养门徒的门徒（提摩太后书2：2），但保罗提醒提摩太：这个传道的事工只会在他忍受这条道路的困难时才能结出果实（提摩太前书2：12）。

其次，保罗提醒他，不仅传道的事工是艰难的，而且神的仆人必须是圣洁的。我们所有人都被呼召做神的仆人。我们不仅要学习传道所需的事工技巧，而且必须忍受苦难并拥抱圣洁。

拥抱圣洁意味着成为一个圣洁的器皿。我们必须脱离一切的邪恶。如果不弃绝邪恶，我们就不适合为神所使用。

> 在大户人家，不但有金器银器，也有木器瓦器；有作为贵重的，有作为卑贱的。人若自洁，脱离卑贱的事，就必作贵重的器皿，成为圣洁，合乎主用，预备行各样的善事。你要逃避少年的私欲，同那清心祷告主的人追求公义，信德，仁爱，和平。
>
> （提摩太后书2：20－22）

对罪的文化容忍并不新鲜。事实上，它在各个时代的各种文化中经常反复出现甚至失控。这是自人类堕落以来的重复出现的罪的模式：

> 他们既然故意不认识神，神就任凭他们存邪僻的心，行那些不合理的事；装满了各样不义，邪恶，贪婪，恶毒；满心是嫉妒，凶杀，争竞，诡诈，毒恨；又是谗毁的，背后说人的，怨恨神的，侮慢人的，狂傲的，自夸的，捏造恶事的，违背父母的，无知的，背约的，无亲情的，不怜悯人的。他们虽知道神判定行这样事的人是当死的，然而他们不但自己去行，还喜欢别人去行。
>
> （罗马书1：28－32，粗体字是重点）

要成为一个圣洁的器皿，你必须在公义的标准上与神一致，而不是屈从于社会上千变万化的关于是非的标准。

保罗在解释如何成为圣洁的器皿之前，他提醒提摩太他的告诫背后的神学：

然而，神坚固的根基立住了；上面有这印记说："主认识谁是他的人"；又说："凡称呼主名的人总要离开不义"。

（提摩太后书2：19）

主知道祂自己的孩子是谁。当你将自己的生命献给基督时，你永远被封在祂里面——你永远不会失去你作为神的儿子或女儿的地位。但是神希望祂的孩子"远离罪孽"。你在生活及传道事工上的用途要得到神的认可，你就必须像圣洁的器皿一样过圣洁的生活。要被委以重要的工作，无论是在你的家庭，学校，工作场所还是地球的尽头，你都必须选择圣洁生活的道路。一只荣耀的器皿需要远离所有罪恶的激情，去恪守圣洁的习惯。

今天的文化并没有改变神的是非标准。当信徒顺服世界而不是顺服神的道时，他们就会经历极其缺乏神的同在。圣灵明显缺席。这种圣灵的缺席只会人遭受更多的罪与耻的捆绑而无法自拔。

在现实中，很多人——甚至也有信徒——为了片刻的欢娱而犯罪。罪就像是一种口感甜蜜但是落到腹中却苦涩难当甚至致人死地的药丸（见箴言5：3-4，因为淫妇的嘴滴下蜂蜜；她的口比油更滑，至终却苦似茵陈，快如两刃的刀）。在不假思索中，我们就会喜欢去为所欲为，去放纵我们的肉体，去让我们的思绪信马由缰，去报复那些伤害我们的人，去信口雌黄，等等。当我们追求自青年时代以来所拥有的这些激情时，甜蜜的药丸就会变成苦涩。破坏性的影响比比皆是。

即使我们选择圣洁的道路，我们也仍然会生活在普通人中间。这些和我们生活中一起的普通人，甚至也有一些信徒，也会沉溺于可疑或有罪的行为，并且会庆祝这些行为。面对这些不圣洁行为，也许你会畏缩不说。比如在目前的美国文化中，如果有人开玩笑时你没有掺和，或者你没有随大流，你就会遭受他人的白眼，甚至嘲笑。如果你明确表明那些玩笑或者可疑甚至有罪的行为是基督徒所不齿的，其他人对你的嘲笑会变本加厉。但是如果基督徒保持沉默，那么无形之中大家就漠视了基督徒价值观的下降。

这样的话，我们就是罪上加罪，因为我们没有去做我们应该做的事情——没有呼召我们的朋友回到更高的标准。

下面这种情况你听起来是不是很熟悉吗？一周七天里，我们每天都浅尝甚至沉溺于罪（因此容忍罪）。但是，只在星期日的一个小时里，我们打扮自己，戴上"圣洁"的面具，并祈求神保佑我们。

也许你觉得许多其他信徒是如此，但通常你不是这样。你是耶稣基督的忠诚的，真诚的追随者。然而，你是不是经常沉溺于那些违背神的道的思想，言语和行为，仍然希望神保佑你的生命和事工？你的生活中是不是有些东西会让你感到尴尬，而无法拿出来在光天化日下示人？你脑海中有没有一些不能荣耀神的思维过程？

如果你的回答是肯定的，你不一定是在邪恶的宴席上大快朵颐，但是至少，你已经是在罪的甜点盘上品尝罪了。

你必须弃绝任何对罪的放纵，而是应该徜徉于公义之中。当神的子民选择持久的公义的乐趣而不是稍纵即逝的诱惑的乐趣时，带来的结果必然是复兴。

每一次复兴都是一场精炼运动

正如社会的堕落源于社会放任罪恶的生活方式存在一样，复兴的盼望和从罪中醒悟的盼望也呼唤信徒回归神的公义的标准。**历史上的大多数复兴都采取了以弗所书4：17-5：21的圣洁之旅**。每一次复兴都是以信徒个人亲自向神悔罪开始的，有时候这种悔罪是多个信徒共同参与的。每当神的孩子们除去自己的罪时，神都会愉快地用圣灵充满他们。

在许多历史复兴中，出现了一种模式。首先，神兴起一个仆人（或一群仆人）。神的仆人召唤神的子民脱离邪恶的文化，回归神的身边。他们一起满怀期待地祈祷，等候至高者。尽管他们不知道圣灵如何出现，但是他们在祷告中积极地寻求圣灵。在大多数复兴中，信徒都会个人认识到自己有罪，并亲自向神悔罪，以寻求宽恕。

这些复兴中的一些（尽管不是全部）会更进一步。勇敢的信徒会脱去自己圣洁面具（就像我们所有人都戴着这样的"圣洁"的面具），在更大的群体中坦承他生命中的罪。这种认罪超出了仅仅

第七章 避免犯罪，让神清除一切的不义

向被冒犯的人认罪的常规做法。更确切地说，向一个更大的群体认罪悔改而非仅仅向被冒犯的人认罪，其目的在于暴露罪的制辖的可怕，在于打破罪对他们生命的辖制。

然后，真相时刻（一）[19]就会上演。如果该团体以怜悯，宽恕和 赞赏忏悔者的态度接受当众公开忏悔者的悔罪，那么可能会出现连锁反应：越来越多的信徒会公开向一群人悔罪。如果该团体没有接纳忏悔者当众公开忏悔的行为，那么复兴的萌芽的闪光就会被吹灭。但是，当大家的回应是富有同情心的时候，经常会有另一个圣徒效仿第一个公开忏悔者，起来当众忏悔，然后是很多人一个接一个起来当众悔罪。历史上的一些复兴运动肇始于此：连续几天甚至几周，神的孩子们公开承认他们的罪，以寻求宽恕并修复与神的关系，修复彼此的关系。[20]

当众悔罪不是目的，炫耀罪更不是目的，我们的目的是亲近神。当我们想要亲近神而不是亲近罪时，我们就会勇于从正直的面具背后走出来，选择脆弱和透明的道路。历史上的复兴是如此罕见，原因在于神的孩子更喜欢罪的乐趣（他们对于自己为罪所辖制的事秘而不宣），不那么喜欢公义的精炼道路（也不那么喜欢承认不堪往事时所感受到的任何尴尬）。

光来到世间，世人因自己的行为是恶的，不爱光，**倒爱黑暗**，定他们的罪就是在此。**凡作恶的便恨光，并不来就光，恐怕他的行为受责备**。但行真理的必来就光，要显明他所行的是靠神而行。

（约翰福音3：19–21，粗体字是重点）

---

19 《真相时刻》是美国福克斯电视台推出的一档电视真人秀节目，节目设定的奖金高达50万美元。参赛者需要回答21个关于自己隐私的问题，问题难度逐渐增加，答案由测谎仪判断是否真实。节目中最具挑战性的问题无疑是在亲友面前揭露自己"最深、最黑暗的秘密"。——译注。

20 这里不是许可信徒炫耀罪、吹嘘罪。如果罪会对群体造成伤害，也不应当众悔罪。否则，当众悔罪弊大于利。所以，当众悔罪前必须谨慎。同时，并非所有的复兴运动都是当众悔罪运动，所有不应强迫信徒当众悔罪。是否当众悔罪应用圣灵裁决。

在你生命中的这一点上，你是更喜欢罪带来的片刻欢娱还是更喜欢圣洁带来的持久快乐？你更喜欢黑暗的舒适阴影还是把罪暴露于光天化日之下带来的不适？

当神的孩子……

- 允许神的话语闪耀在灵魂的缝隙中
- 并且在圣灵的信念下谦卑自己
- 并在敬畏中允许圣灵掌控他们
- 并勇敢地摘下他们的"一切都好"的面具
- 并在一个渴望圣洁的社区中承认自己的罪过
- 并且这种分享是在充满爱，接受和宽恕的情况下被大家接受
- 这种分享产生了更强烈的敬畏感
- 并促使社区其他人效仿
- 而这种连锁反应导致群体谦卑自己，寻求神高于一切，渴望神，顺服神

……然后复兴开始在神的子民中爆发。他们被唤醒了！

在整个历史长河中，这种模式，不论是团体中还是在个人中，都已经反复出现。

但我们想要捷径。从个人和群体角度，我们都呼唤复兴，但我们缺乏勇气走那条通向复兴的道路。如果没有深刻的忏悔精炼过程，就不会出现觉醒。忏悔和顺服是复兴的熔炉。

没有其他道路。所以，复兴——真正的复兴——并不常见。

你的生命复兴，你的教会的复兴，你的传道事工复兴都需要满足下列条件：绝对顺服神的使命，完全清除个人的罪，群体的罪。

避免犯罪的气味

令今天耶稣的门徒们震惊的是，在不犯罪的情况下，我们却多么接近诱惑的界限。此外，我们基督徒刚刚信主时被灌输的那些罪的形象，罪的想法，罪的行为，曾经一度让我们惊愕，但是现在，我们的良心变得越来越麻木不仁。而且，神的孩子们涉足各种罪恶，同时也从内心说服自己：涉足罪恶与实际犯罪是两码事，涉足罪

第七章 避免犯罪，让神清除一切的不义

恶不是犯罪。我们社会中的信徒轻率对待诱惑，他们的衣服上散发罪恶的恶臭。随着良心变得更加坚硬，就像罗马书第1章描述的螺旋式下降一样，信徒开始容忍他们早先不赞成的生活方式（他们虽知道神判定行这样事的人是当死的，然而他们不但自己去行，还喜欢别人去行。罗马书1：32）。

适当强调神圣的生活方式，并不是去发现你距离诱惑和罪恶之间的界限有多近，而是你可以保持离这个界限多远。虽然诱惑与罪恶之间存在着界限，但当你在心中盘算这种诱惑时，这算不算你已经在犯罪了呢？为什么你甚至想尝试接近那条线？

圣洁生活方式的要点是**避免在生命中犯罪**，这样你们既能圣洁地生活，也能避免任何涉足罪恶的行为出现（气味）。圣灵只会填补一个积极清除罪并努力远离任何罪的信徒。然而，我们很容易忽视罪的严重性，认为，"我们生活在一个跟两千年前保罗所描述的文化完全不同的文化中。罪在我们的社会中已经习以为常。真正令我吃惊的是怎么会有这样圣洁的标准。"

然而，以弗所城是一个恶魔的堡垒，是崇拜偶像阿尔忒弥斯的全球中心，是性滥交的大魔窟。以弗所的信徒可以很容易地理解这些与圣洁生活交替出现的淫乱生活方式或对这些习以为常的社会习俗见怪不怪。他们是非常容易被这种罪所污染。

但请听保罗在以弗所这座腐败城市中使用的强硬语言。他所坚持的标准不仅仅是避免犯罪，而是尽可能远离罪恶：

至于淫乱并一切污秽，或是贪婪，在你们中间连提都不可，方合圣徒的体统。因为他们暗中所行的，就是提起来也是可耻的。

（以弗所书5：3，12，黑体字为重点）

保罗并不是说你不应该悔罪；悔罪是至关重要的。可耻的是以漫不经心的方式，无所谓的口气谈论人们暗中所做的事情。放任我们的头脑去肆意推测罪的行为的细枝末节是一种可耻的行为。信徒们是否经常开关于罪的玩笑或者彼此分享耸人听闻的罪的细节呢？我们应该采取恰恰相反的做法：对于他人暗中所做的罪要避之唯恐不及——提都不要提，对于自己则要避免在生活中犯罪。

无可指责

阐明这种属灵原则的另一种方式是我们应该无可指责。所有的基督徒领袖都应该按照这个标准生活，他们应该成为所有耶稣追随者的榜样：

> 监督既是神的管家，必须无可指责。（提多书1：7，粗体字是重点；另见提摩太前书3：2：作监督的，必须无可指责）

无可指责意味着你不仅要避免犯罪，而且要将罪的苗头消灭在萌芽状态。其他圣经译本将无可指责视为过一种清白的生活或拥有良好的声誉，这样其他人就不会说你在错误的方式中生活了。

例如，一位基督徒领袖应该避免卷入与异性之间的罪恶关系。为了无可指责，他还应该避免让自己陷入会被诱惑发生性关系的情形中，也要避免给他人留下自己有可能跟异性有不正当关系的印象。为了自己无可指责，他会采取必要的预防措施。例如，他会避免单独在办公室里与异性会面，也可能会拒绝独自和一个异性同处一车。

今天，这些预防措施可能被有些人视为过度杀伤。但这样的行为不仅可以帮助你避免犯罪，还可以帮助你远离诱惑。当你以这种方式生活时，任何人都很难通过你生活的表现来指责（或责备）你。换句话说，不仅要抵制诱惑，还要避免可能被他人算计的情况或者被他人怀疑的情况。

就像有人靠近衣服时，烟味一直萦绕在衣服上一样，当你涉足罪甚至考虑罪时，罪恶的恶臭会萦绕在你的生活中。要从你的思想，言语和行动中除去所有罪的气味。

顺服神的香味

从根本上看，我们想要过无罪的生活的原因是穿着顺服的馨香之气去效法神（以弗所书4：17-5：21）。

> 所以，你们该效法神，好像蒙慈爱的儿女一样。也要凭爱心行事，正如基督爱我们，为我们舍了自己，当作馨香的供物和祭物，献与神。
>
> （以弗所书5：1-2）

第七章 避免犯罪，让神清除一切的不义

这段奇妙经文的中心是，我们要效法的对象只能是神一个。神是我们的天父，我们是神的爱子。耶稣过着这种生活——顺服神的生活——并向神吹送去献祭的香气。祂的生活方式中没有任何罪恶的气味，没有丝毫不道德。效法神就是要效法祂的儿子耶稣。当我们这样做的时候，我们的生活，就像耶稣一样，散发出芬芳的香气——向神顺服的香气。

在顺瓦普（SWAP）进程中，"S"顺服，"W"等候和"A"避免都是同一过程的组成部分。我们之所以能清除罪，是因为我们向神顺服。我们向神顺服，以便我们可以效法祂，从罪恶的弥漫的恶臭中解脱出来。有时这个过程需要花大量的时间等候神——等候神改变我们的欲望。

纯洁，不可分割的献身

在这里，我们对婚姻的类比可以提供帮助我们说明问题。想象一下，一对夫妇站在祭坛边。他们彼此写了自己的誓言。新娘对新郎说："我发誓一年中有364天忠于你。"

这样的情况下，丈夫知道其中一年中的大部分时间忠于自己，只有极小一部分时间不忠于自己，比如一年中只有一天不忠于丈夫，那么丈夫会不会高兴呢？他会怎么做？他将从结婚仪式上拂袖而去，直到他的新娘决定把每年365天全部只献给他。

丈夫想要的是新娘的全部，否则宁可一刀两断，情断义绝。

但作为基督的新娘的基督徒，你会向上面的那个新娘那样做同样的事吗？如果你在你的生命中涉入罪恶，娱乐罪恶，哪怕只是微不足道的罪，那么你跟上面故事中的一年365天只有一天不忠于丈夫的新娘并无二致。你如果那样，就不是顺服神，也不是圣洁。作为新娘，你向主求婚却不能完全献身于主，这样的行为神不会满意。

你与耶稣结婚的目标应该是察验（理解）什么是令主满意的行为。

总要察验何为主所喜悦的事。

那暗昧无益的事，不要与人同行，倒要责备行这事的人；

（以弗所书 5：10-11）

神呼召你内心怀有一种新鲜的，更深刻的愿望去作至高者的圣仆。神呼召你全心全意地跟你的爱人耶稣愉快地生活在一起。神呼召你珍视与主的亲密关系，而不是看重稍纵即逝的罪的享乐。

你这样做时，至高者的圣灵就会乐于住在你这样一只圣洁的器皿里。这就是神要求你过的生活方式。

我们谁都没有完全摆脱罪恶。但我们的目标应该是越来越倾向于活得正直而不是徘徊在罪中。

揭露罪并接受宽恕

下面有好消息要告诉你，你的救世主不仅乐意提供拯救来宽恕你，而且愿意在你每天犯罪时原谅你。你的圣洁的神是慈爱的神。祂是慈爱的父亲，随时准备接纳那些离群走散的孩子们。

虽然你的目标是尽可能摆脱罪恶的生活方式，但要实现这一目标，你必须持之以恒地清除罪恶：一件一件地悔罪并接受宽恕。其中的某些罪你是太清楚不过了。有些罪则像顽疾一样已经折磨你多年了。你还有一些罪连你自己都没有发觉，但是神作为定罪者可以帮助你在适当的时候发现罪。

为了取悦主，你必须不参与黑暗的工作，而是要揭露他们（以弗所书5:11，那暗昧无益的事，不可参与，倒要把这种事揭发出来。和合本修订版）。你生命中对罪的自然反应是看不见你所知道的罪，无视那些你所不知道的罪。

敌人不停地在你耳边窃窃私语：
- "那个罪真的不是那么严重；你不需要向神忏悔。"
- "不要告诉别人这件事。留着面具。"
- "如果人们知道这件事你会不会感到羞耻？最好不要说什么。"
- "你可以自己征服这个。不需要别人的帮助。"
- "其他人都在这样做。一定没关系。时代变了。"
- "继续再做一次。神会再次宽恕你的。"

不要再听信魔鬼的诱人谎言了。过充满圣灵的生活的方式与魔鬼告诉你的方式正好相反：你需要暴露罪恶，这样你才能过上适合圣灵充满的圣洁的生活。你的被罪充满的，堕落的倾向是让罪恶留在黑暗中。神的解决方案是将神的话语的聚光灯照射在罪上，暴露罪。所有的罪都需要暴露并向神悔罪。**忏悔就是跟神保持一致，认可神对罪下的定义。**忏悔就是承认你的错误和过犯。

通常情况下，如果你继续陷入诱惑，不能自拔，那么就该向那些可以帮助你的圣洁朋友悔罪了。虽然你的许多罪可以在你的内心隐秘处进行悔罪并得到宽恕，但有些罪只能暴露给那些值得信赖的朋友，并由他们去帮助你战胜这些罪。

清除罪恶的艰辛历程

清除罪恶的过程包括：让神的道揭露你的罪，悔罪，接受宽恕，穿上圣洁的新衣。这个过程一开始可能很痛苦，但最终总是充满快乐。顺瓦普（SWAP）框架中的"W"等候和"A"避免紧密交织在一起。要完成这个过程需要在祷告中等候神。这不仅仅是需要你顺服神和理解神的旨意的时候，而且也是让圣灵耀眼的光芒揭露你生命中罪恶的时候。神希望与你从容不迫地做这些事：揭露罪恶，让你表现出悔恨并承认罪，被宽恕并从罪中解脱出来。这是一段艰苦的旅程，但祂是你温柔慈爱的天父的圣灵。祂不会让你难以承受，祂不会强人所难勉强你做自己无法做的事。

为了被圣灵充满，你将不得不踏上让生活中的每一个罪都被清除的旅程。定期阅读和默想神的道就是圣灵使用的亮光。在那里，神会向你展示祂对你生命的标准。

你真的想摆脱罪恶吗？如果是这样，你就可以开始这段旅程了。当你求告圣灵时，祂会给你定罪；这是祂的主要职责之一：

> 他来了，就要在罪，在义，在审判各方面指证世人的罪。
>
> （约翰福音 16：8，新译本）

当你阅读圣经时，要将自己的心放在主面前，并求祂用聚光灯照亮你的内心。在圣经的字里行间，你会遇到一位神，祂呼召你达到一个神圣的标准，并表现出极大的爱，原谅你并吸引你亲近祂。

你应该选择永生的道路。

> 神啊，求你鉴察我，知道我的心思，试炼我，知道我的意念，看在我里面有什么恶行没有，引导我走永生的道路。
>
> （诗篇 139：23-24）

曝光罪恶

在数字时代之前，胶卷被装在相机背面。当胶卷完成后，你可以将它卷到它所装的小罐中，打开相机的后盖，取出它，然后将它带到照片冲洗店。我有很多次悲剧的经历：胶卷还没有完全卷入它的罐子，却误操作打开了相机后盖。当这种情况发生时，那些还没有卷入胶卷罐的胶片都会曝光，实际上变成了光。冲洗出来的照片上会空空如也，只有纯白色。

> 凡事受了责备，就被光显明出来，因为一切能显明的就是光。所以主说：你这睡着的人当醒过来，从死里复活！基督就要光照你了。
>
> （以弗所书 5：13-14）

向神悔罪，有时向别人悔罪，会带来了惊人的奇迹。黑暗的东西变成了光！当任何东西被光线照射时，它变得可见，任何变得可见的东西都是光。你渴望过圣洁纯洁的生活吗？然后你必须曝光罪恶并用光照射罪恶。

> 我们若在光明中行，如同神在光明中，就彼此相交，他儿子耶稣的血也洗净我们一切的罪。我们若说自己无罪，便是自欺，真理不在我们心里了。
>
> 我们若认自己的罪，神是信实的，是公义的，必要赦免我们的罪，洗净我们一切的不义。我们若说自己没有犯过罪，便是以神为说谎的，他的道也不在我们心里了。
>
> （约翰一书 1：7 – 10）

第七章 避免犯罪，让神清除一切的不义

我们不要行走在黑暗中自欺欺人，我们应该接受神的呼召奔跑在我们天父的亮光里，让天父的亮光洁净我们的罪。

但曝光罪恶和被神赦免只是第一步。这就像打破捆绑你的锁链。为了保持圣洁，你必须穿上圣洁的新衣，这包括尽可能除去那些诱惑源。为了保持清醒，酒鬼的家中不能有酒。诱惑太大了。你必须远离罪恶，你必须远离罪恶的境地。

请听保罗给他在事工中的同事的这些话：

你要逃避少年的私欲，同那清心祷告主的人追求公义，信德，仁爱，和平。

（提摩太后书 2：22）

我们还要听听耶稣对祂忠心的门徒说的下面的话：

倘若你一只手叫你跌倒，就把它砍下来；你缺了肢体进入永生，强如有两只手落到地狱，入那不灭的火里去。倘若你一只脚叫你跌倒，就把它砍下来；你瘸腿进入永生，强如有两只脚被丢在地狱里。倘若你一只眼叫你跌倒，就去掉它；你只有一只眼进入神的国，强如有两只眼被丢在地狱里。

（马可福音 9：43-47）

在这里，耶稣呼召你除去生活中频繁出现的绊脚石，因为这些绊脚石将你拖下地狱而不是将你提升到光中。

我参加了很多次禁食祷告四十天活动。其中部分工作就是打开圣经与神对坐。我拿出我的日志本，求神识别我生命中的罪恶。我尽量不与神争辩或把解释这些罪。我把这些罪写下来，向神承认这些罪，表达对冒犯神的悲伤，并请求祂的原谅。如果我的罪伤害了其他人，我会在第一时间弥补自己的过犯。如果神曝光了我需要向别人承认的罪，我必须服从神，以便摆脱罪的辖制。

从内部剥离洋葱层

当我们的三个儿子年轻时，我一直在努力克服自私的罪。年复一年，我努力在自己的生活中清除自私之罪。那时，神给了我一张我的罪的图像：它就像多层洋葱皮包裹的洋葱。每年，我都会剥离一层自私，以为我终于征服了它。但是没有什么能像孩子一样帮助你意识到自己是多么的自私。正当我以为自己已经征服了自私时，神会在我的生命中揭示出更深层次的形式的罪——这只罪的洋葱的另一层。

又过了一段时间，最后，我认为没有更多层的自私可以剥去了。但有一天，我和孩子们发生的一件小事告诉我，自私仍然植根于我内心的深处。当我意识到我还要剥去更多的洋葱层时，我的心变得沉重。

第二天，在我静修的时间里，神在我的脑海里改变了洋葱的形象。我的对于洋葱的意象都错了。当你从外面剥洋葱时，你可以看到它变得越来越小，直到它消失。但更真实的事实是，我在洋葱的内部，从里面逐层剥落洋葱的话，不知道洋葱到底有多大！这是一个巨大的图像。

一连两天，我都处在郁闷中，哀叹我的罪之深。但我们的神是赐生命的神。神定我们的罪是要给我们带来生命，而不是死亡。祂利用那个巨大的洋葱的图像来呼召我在更深层次上追求公义，这种公义直达我生命的核心。我希望过正直的生活。正直之善应该贯穿生命始终。

耶稣谈到了同一罪恶的各个层面。在登山宝训中，他指出了同一罪恶的更深层，更微妙的说法。他用"你听说有话说＿＿＿＿，但是我告诉你＿＿＿＿"这句话来介绍这些罪中的每一个。

例如，"你们听见有吩咐古人的话，说：'不可杀人'；又说：'凡杀人的难免受审判。'只是我告诉你们，凡向弟兄动怒的，难免受审断；凡骂弟兄是拉加的，难免公会的审断；凡骂弟兄是魔利的，难免地狱的火。"（马太福音 5：21－22）。

无论是愤怒，欲望，离婚，宣誓或恨敌人，耶稣强调说，罪有许多层次，我们决不能为我们所感知的正义感到骄傲

（马太福音 5：21－48）。

在我们面对面地亲眼看到耶稣之前，我们谁都不会变得完美。我们生命中的罪的洋葱可能非常大。**神希望我们继续剥离层层的**

罪，以便我们变得越来越像是耶稣。祂希望我们把正直之善贯穿始终。如果我们正在清除罪恶，骄傲，欲望，愤怒或撒谎，让我们完全彻底清除罪，哪怕是罪的一丝一毫都要清除。

永远不要骄傲，也永远不要想当然地假定你终于征服罪了。如果你愿意让祂谦卑你，圣灵会一直谦卑你，帮助你认识到你有很多罪需要悔改。但在祂的恩典中，祂不会让你承担你无法承受的责任。祂对你充满爱心和温柔。让祂在你的每一层中揭露罪恶。表现出真正的悲伤，决心以不同的方式生活。允许祂为你这神的子女带来宽恕和与神关系的恢复。求祂帮助你穿上圣洁的新衣，并邀请祂的灵充满你。

请记住，在任何时候，你无法通过这个过程赢得神的欢心。作为神的子女，你已经得到了祂的欢心。神不是严苛的工头，你也不是祂的奴隶。因此，像一个孩子走近慈父一样去亲近神吧。你生命中没有任何罪能把你从你与神永恒的关系中分开。

因为我深信无论是死，是生，是天使，是掌权的，是有能的，是现在的事，是将来的事，是高处的，是低处的，是别的受造之物，都不能叫我们与神的爱隔绝；这爱是在我们的主基督耶稣里的。

(罗马书8：38－39)

神的家庭中的诚实

因此，罪的忏悔和随后的与神的关系的恢复——宽恕过程——是一个家庭过程。你是神的孩子，你的天父以同情的方式对待你，所以你总是有信心来到祂面前。祂的标准是坚定的，但祂的宽恕是无限的。这个神的家庭中的一个关键因素是诚实。

在抚养我们的三个儿子时，我们必须做出选择：哪些过错会导致什么程度的管教。我们的儿子们知道，不听父母的话是家里非常严重的过错。除此之外，他们在家庭中犯下的最大过错就是撒谎。撒谎会从根本上破坏我们想要帮助男孩们克服的其他问题。如果他们对自己的错误行为不诚实，那么他们就无法面对这些问题，也就无法成长为神希望他们成为的人。

即使在很小的时候，我们的男孩也可以区分他们为各种过错所受到的惩罚的严厉程度。一个孩子打了另外一个孩子，所得到的惩罚要比说谎得到的惩罚轻很多。另外，如果我们发现一个男孩撒谎，他不仅会受到严厉的惩罚，还会受到跟实际过犯相匹配的惩罚。

我记得一次一个男孩抱怨他的哥哥打他。当我向哥哥询问这是否属实时，我可以看到哥哥在开动脑筋思想对策。即使在很小时，他也在计算每次惩罚的成本，特别是撒谎被抓。（而且父母似乎总是能知道他们的孩子什么时候在撒谎，对吗？）我不得不压抑笑声，因为他选择不隐瞒他的错误行为。"是的，长官！我打了他。"在这样做的时候，他选择面对罪过并接受惩罚，随后大家和好如初。

即使在今天，我们三个已经成年的儿子仍然认为诚实是我们家庭的核心价值。无论发生什么事，我们都是诚实的。只有这样我们才能取得进步。

在使徒行传中早期教会中记载的第一个罪过是什么？说谎！亚拿尼亚和他的妻子撒非喇在他们田地卖了多少钱上撒谎，又在他们给教堂奉献的钱数上撒谎。当他们被责问时，他们又在回应中撒谎，这样神就击杀了他们两个人：

彼得说："亚拿尼亚！为什么撒但充满了你的心，叫你欺哄圣灵，把田地的价银私自留下几分呢？田地还没有卖，不是你自己的吗？既卖了，价银不是你作主吗？你怎么心里起这意念呢？你不是欺哄人，是欺哄神了。"

（使徒行传 5：3－4）

在新约的时代，在耶稣基督的教会中，出现这样的惩罚对我们来说似乎很严厉。但显然神希望在神的孩子身上强化以下两点：（1）祂不会容忍教会中的罪恶；（2）如果兄弟姐妹彼此尊重并与神同在，任何罪都可以得到处理。如果你在罪上诚实，天父可以原谅你并治愈你生活中的任何事情。你如果不诚实，就无法面对这些问题，也无法成长为神所喜悦的男人，女人或教会。无论结果如何，总要选择诚实。

修复与神的甜蜜关系

在光中行走，或在圣洁中行走，对于与神同行至关重要。它肇始于我们对罪的诚实，诚实导致了与神甜蜜关系的修复：要承认罪是罪，请求神的宽恕，并从我们的天父口中听到"我的孩子，我原谅你"的字样。想出你能想到的最纯洁，最有爱心，最富有同情心的父亲，并将其乘以一千。这样就是你的神奇的天堂爸爸的大致模样了。祂的双臂伸展开来，在宽恕的怀抱中接纳你。所有你坦白的罪，没有一样是祂不能宽恕的。天父会宽恕你坦承的所有罪，忘记这些罪，然后从你身上洁净这些罪。

神子耶稣在十字架上把你的每一个罪都揽到祂身上。祂的牺牲足以让你完全得到宽恕和与神关系的修复。

请再一次记住，你与神的关系与婚姻相似。我和妻子没有很多分歧，但偶尔也有。当我们的婚姻出现紧张局势时，比如或许我们中的一个人冒犯了另一个人，那就是出现了婚姻中的紧张局势。婚姻仍然完好无损。婚姻誓言仍然存在。这绝不是问题。只是在那一刻我们可能不会相处得太好。

在分歧期间，我们仍然完全忠实于对方，但在那一刻我们只是生气或感情上受伤。我们都从来没有使用"离婚"这个词。从来没有。在订婚之前我们就下定决心永不离婚。我们一辈子相互忠实。我们致力于使这段婚姻关系变得美好。因此，我们总能找到一种方法，使每一种分歧都能尽快得以修复。忏悔过程通常从一个（或两个人同时）向对方悔罪开始，"我做错＿＿＿。你能原谅我吗？"我们致力于宽恕，遗忘和关系修复。虽然以前的紧张是痛苦的，但修复是甜蜜的。我们内心不会保留任何错误列表，也没有怨恨。我们始终寻求诚实和谐的关系，因为我们重视亲密关系。

神希望与你亲密，并希望通过赐给你住在你里面的圣灵的充满来证明这一点。既然圣灵是一个人，罪恶使祂感到悲伤，那么当祂被冒犯时，祂会像婚姻中的任何伴侣一样撤退。然而，与地上的婚姻不同，祂永远不会错。你永远是冒犯祂的人。虽然祂从充满你的生命中撤退了，但为了呼召你回来，祂会对你低声细语，有时还会高声呼唤。如果你愿意离开罪恶，祂很乐意接纳你并再次充满你。

人的经历中很少有什么可以媲美下面这样的亲密关系：源于对待对方冒犯时的诚实，表达自己的悲伤，请求宽恕并寻求修复关系——无论是配偶，家庭成员还是朋友。神也是如此。作为神与人关系恢复的标志，神喜欢用圣灵充满你。神不是一个邪恶的父亲，故意不让祂的灵到祂的孩子身上。相反，祂渴望给你圣灵的恩赐。

你们中间作父亲的，谁有儿子求饼，反给他石头呢？求鱼，反拿蛇当鱼给他呢？求鸡蛋，反给他蝎子呢？你们虽然不好，尚且知道拿好东西给儿女；何况天父，岂不更将圣灵给求他的人吗？

（路加福音 11：11-13）

被圣灵充满并非难以捉摸，也不是神奇，也不需要特殊的配方或咒语。神并非不乐意倾吐祂的灵。恰好相反。祂所期待的只是让祂的孩子们以谦卑，顺服和忏悔来寻求祂。你必须渴望与神亲密——但这亲密必须遵守神设定的条件。

忏悔是赐予生命的力量

当神通过圣经的页面突显你生命中的罪时，你必须理解在圣灵的定罪与魔鬼的谴责之间有本质的区别。**神定罪；撒旦谴责。神的定罪带来了希望。魔鬼的谴责摧毁了希望。**

盗贼来，无非要偷窃，杀害，毁坏；我来了，是要叫羊得生命，并且得的更丰盛。

（约翰福音 10：10）

神指出了罪，目的是你可以拥有丰盛的生命。敌人指出罪，目的是为了把你拉下来并摧毁你。神赐予生命。撒旦夺走生命。

你还必须明白**圣灵对罪的定罪与魔鬼对罪的称赞**之间的本质区别。魔鬼如果不能让谴责在你身上动工，那么他会开始赞美你的罪。虽然来自圣灵的定罪导致悔恨和改变的愿望，魔鬼的称赞带来的结果是对罪的开脱："毕竟还不是那么糟糕。"**神的定罪带来了赐予生命的变化。魔鬼的称赞带来了捆绑生命的许可证。**

当你对付罪时，如果你听到谴责的话——拆毁你且不会给你带来任何希望的话，那些话不是来自圣灵。如果你有人在背后拍你，跟你说你的罪并非这么严重，那些话也不是来自圣灵。被圣经闪耀的光所照亮的圣灵的定罪话语可能是痛苦的，但他们总是带来希望：事情可以变得更好。这是外科医生治疗时手术刀所带来的痛苦，而不是刺客的致命匕首。

神的道是活泼的，是有功效的，比一切两刃的剑更快，甚至魂与灵，骨节与骨髓，都能刺入，剖开，连心中的思念和主意都能辨明。并且被造的没有一样在他面前不显然的；原来万物在那与我们有关系的主眼前，都是赤露敞开的。

（希伯来书 4：12 - 13）

卫斯理（卫理公会）运动开始之初，小组开始审视自己的内心，看看他们是否过着圣洁的生活方式。为了促进这一过程，他们每周回顾常见的罪的清单，以便他们能够迅速寻求神和其他人的宽恕。这份清单促进了这个寻求与神的亲密关系的小组的责任。

1. 我是不是有意还是无意地给他人留下一种比我实际情况更好的印象？换句话说，我是一个伪君子吗？
2. 我对所有的行为和言辞都诚实，还是夸大其词？
3. 对于他人偷偷告诉我的话，我是否偷偷地传给另外的人了？
4. 我可以被信任吗？
5. 我是服装，朋友，工作或习惯的奴隶吗？
6. 我是自我意识，自我怜悯还是自我辩解？
7. 今天圣经是否住在我心中？
8. 我每天都给圣经时间和我说话吗？
9. 我喜欢祈祷吗？
10. 最近一次我和别人说过我的信仰是什么时候？
11. 我为我花的钱祷告吗？

12. 我能按时上床睡觉按时起床吗?
13. 我有没有在什么事情上悖逆神?
14. 我是否坚持做一些我的令良心不安的事情?
15. 我在生命的某些部分失败了吗?
16. 我是嫉妒人,不纯洁的,爱挑剔的,烦躁的,敏感的还是不值得信任的?
17. 我如何利用业余时间?
18. 我感到骄傲吗?
19. 我是否因着我不像其他人一样,特别是不像那些蔑视税吏的法利赛人而感谢神?
20. 我有没有害怕,不喜欢,拒绝,批评,怨恨或无视的人?如果有这样的人,我在这事上正在做什么呢?
21. 我经常发牢骚或抱怨吗?
22. 对我而言,基督是真实的存在吗?

许多小组使用此列表或类似的列表。他们选用的标准是神的话语。许多人经常在列表最后再添加一个问题:"你是否实事求是回答了这些问题?"

基督教的律法主义充满各种清规戒律,规定哪些可以做哪些禁止做。你的目标不是进入清规戒律把控的律法主义形式的基督教,你的目标是与神的话语建立一种活生生的关系,在这里神帮助你活出祂的标准——效法祂。恩典之神等候你,但不是为了惩罚你,不会因你违反的每条清规戒律而用一把尺子拍打你的手惩罚你。相反,祂等候你,是为了恳求你进入这样的活生生的关系:在这种关系了,你想变得更好,因为你想取悦祂。活在神和神的道里面,使你想要像神一样生活。

不管你以前是否知道这些罪过,你都要求神指出你的罪过。向祂忏悔并请求祂的宽恕。**忏悔就像一块肌肉。你使用的越多,它在你的生命中就会越强大**。养成快速向神和他人悔罪的习惯并立即寻求宽恕。没有什么比承认罪并修复关系的乐趣更大了。神所有与你的互动——甚至是艰难的互动——都是赐予生命的。在罪恶丰富的地方，恩典更加丰富！

> 只是罪在哪里显多，恩典就更显多了。
> （罗马书 5：20）

四十天长访和频繁的短访

清除罪恶可以遵循与四十天（顺瓦普聚会）长访及频繁的短访（安静的时间）相同的节奏。顺瓦普聚会需要几天时间才能让神的光照到你灵魂深处，包括照亮罪恶。

让神如此从容不迫地做了一次深层清洁———一次春季大扫除——可能很艰难，但的确令人神清气爽！这些都是弥足珍贵的时刻，用来记录神所显明给你的，不仅记录你的罪，而且也要记录神的肯定和宽恕的话语。记住，祂的定罪带给你生命。

此外，你每天的静修时间应该是让祂彻底解决任何最近的新鲜罪恶的机会。如果顺瓦普聚会是每年一次的春季大扫除，那么静修的时间则是每天一次的整理。你想让你的犯罪记录在神的眼中尽量少。在神面前洁净你的良心吧。

> 我因此自己勉励，对神对人，常存无亏的良心。
> （使徒行传 24：16）

> 但命令的总归就是爱；这爱是从清洁的心和无亏的良心，无伪的信心生出来的。
> （提摩太前书 1：5）

> 并我们心中天良的亏欠已经洒去，身体用清水洗净了，就当存着诚心和充足的信心来到神面前；
> （希伯来书 10：22）

永远不要有意地在心中庇护任何罪恶；要马上而经常地悔罪。在你的生活中形成这样一种节奏：花很长的时间通过清除罪而进行深层清理，花片刻时间每日静修来确保你与神的关系保持整洁。

悔罪的范围要跟过犯的范围同等广泛

当神确认你有罪时,你必须悔罪,悔罪的范围至少与过犯的范围一样广泛。有些罪存在于你和神之间,这样的罪只向神悔罪即可。但是有些罪需要向更大范围的听众悔罪。深思熟虑找出不同的罪所适用的合适的悔罪方式,非常重要。

以下是关于如何广泛地悔罪的两个一般指导原则:

首先,向任何被你的罪冒犯的人悔罪。

在你在敬拜中被神洁净之前,你必须在你所冒犯的人前洁净自己。如果你有理由相信某人因你的话语,态度,行为或无所作为而受到伤害或冒犯,那么你有责任迈出第一步:向那个人承认你的罪,请求宽恕和纠正错误(如果需要可以赔偿)。你的过犯在多大范围上伤害了他人,你就应该在多大范围悔罪。你必须向过犯范围内所有人悔罪。

例如,在很多情况下我教学和培训。随着时间的推移,我遇到了几个令人尴尬的时刻,当时我在大群人面前说话出错了。在神为我定罪之后,我不得不回到那个团体并公开承认我错了。

即使你被冒犯了,这也是正确的。即使那个人或团体有百分之九十九的错误,而你只有百分之一的错误,你仍然有责任迈出和解的第一步。

但是,这里你必须小心的是:向某些人忏悔某些罪有时候是莽撞的。你能想象一个男人向女人坦白他对她的不洁想法会有多大杀伤力吗?这会造成更大的伤害而没有任何好处。在这种情况下,最好的做法是向自己信任的同性信徒坦白自己的不洁想法,请他责备你。保罗鼓励提摩太与那些从纯洁的心灵呼求主的人做这样的事情:

你要**逃避少年的私欲**,同那清心祷告主的人追求公义,信德,仁爱,和平。

(提摩太后书 2:22,粗体字是重点)

所以,你在祭坛上献礼物的时候,若想起弟兄向你怀怨,就把礼物留在坛前,先去同弟兄和好,然后来献礼物。

(马太福音 5:23-24)

第七章 避免犯罪，让神清除一切的不义

你必须逐一审视每一个罪，以确定你的行动方案。

第二，在必要时向责任同伴承认你的罪，以使你战胜罪。

有些罪需要你在你和神之间承认罪，有些罪需要你到你冒犯的人面前悔罪。但有时候，神会指示你将某些罪向当事方之外的其他正在追求圣洁生活的兄弟姐妹悔罪。这有助于将这些罪恶暴露在光下并夺走掌控着你的罪的很多力量。通过让这些兄弟姐妹帮助你走一条新的生活方式，这个过程可以让你摆脱罪的捆绑。

允许其他人帮助你并不表示你是软弱的。在你的生活中，可能有些罪的据点靠你自身力量无法攻克。神造人是让人生活中群体中的。你通过分担别人的重担去帮助别人，同样你也需要基督的身体帮助你分担你的这些重担。

弟兄们，若有人偶然被过犯所胜，你们属灵的人就当用温柔的心把他挽回过来；又当自己小心，恐怕也被引诱。你们各人的重担要互相担当，如此，就完全了基督的律法。

（加拉太书 6：1-2）

许多罪恶需要你向一群人悔罪，这些人爱你并帮助你行走在圣洁了，以便你能真正从罪里得到医治。所以你们要彼此认罪，互相代求，使你们可以得医治。义人祈祷所发的力量是大有功效的。

（雅各书 5：16）

向另一个人承认罪会带走罪的毒刺，并剥夺罪在黑暗中拥有的力量。 和一群值得信赖的朋友一起曝光罪，常常意味着战胜了罪的一半。现在，你可以从羞耻感进入到健康社区的光芒中，这个健康的社区会鞭策你进入圣洁的生活。

弟兄们，你们要谨慎，免得你们中间或有人存着不信的恶心，把永生神离弃了。总要趁着还有今日，天天彼此相劝，免得你们中间有人被罪迷惑，心里就刚硬了。

（希伯来书 3：12-13）

> 又要彼此相顾，激发爱心，勉励行善。你们不可停止聚会，好像那些停止惯了的人，倒要彼此劝勉，既知道那日子临近，就更当如此。
>
> （希伯来书 10：24 – 25）

同样罪恶的再次发生在你生活中是一个很好的指标，表明你需要求助于一个群体来解决责任问题。当个人清除罪的努力似乎没有成功时，你就需要同性别责任团体或伴侣的帮助。

然而，要取得成功，责任团体需要几个基本价值观：
1. 他们也渴望纯洁圣洁的生活。
2. 他们不容忍罪。他们不会拍你的背，说："哦，好吧。没关系。我们都这样做。"他们也对罪恶及其影响感到恐惧。
3. 他们可以保密，不会分享你所分享的东西。
4. 他们同情你，接受你，并帮助修复你，因为他们无条件地爱你。
5. 他们选择定期向你询问你在清除罪方面取得的进展，并在白天或晚上的任何时候帮助你度过难熬的诱惑的时期。
6. 他们彼此间的诚实近乎残忍；透明度至关重要。
7. 他们的责任是相互的——所有成员彼此分享。

责任团体只有在你允许的情况下才有效运转——因为你可以欺骗你的可信任朋友们并不让他们知道你的秘密。你必须想要耶稣公义的生活方式，而不是想要得到罪的乐趣。如果是这样，那么责任团体将帮助你在这一追求中茁壮成长。

在你拒绝神或者他人帮助的黑暗中，罪恶的据点最充分地保留他们的力量。敌人不希望你面对你的罪。但如果他不能阻止你面对你的罪，他会向你灌输恐惧，焦虑或羞耻，纵容你私下面对罪。如果他不能阻止你向神悔罪，他会阻止你向一群人悔罪。要提防这些感受在你内心蔓延；要将它们视为有待克服的障碍而非撤退的理由。

不要让太阳在你的罪里下山

> 不可含怒到日落。
>
> （以弗所书 4：26）

第七章 避免犯罪，让神清除一切的不义

我和妻子在婚姻中的一种健康做法是，在不清除我们之间任何未解决的伤害的情况下，永远不要让太阳下山。如果我们互相生气，我们就会拒绝入睡。睡眠不能解决伤害；忽视它不会让它消失。相反，时间将不宽恕变成苦涩。如果不加以控制，苦涩会成为破坏关系的根源，因为它越来越深。

你们要竭力寻求与众人和睦，并且要竭力追求圣洁。如果没有圣洁，谁也不能见主。你们要小心，免得有人失去了 神的恩典；免得有苦根长起来缠绕你们，因而污染了许多人；

（希伯来书 12：14－15，新译本）

我们三十多年的婚姻中有两三次违反这条规则。我们每次都后悔。紧张局势不仅仍然存在，而且早晨带来了更深的伤害—— 最初伤害造成的痛苦和不试图解决它带来的痛苦。那两三次从反面强调了不要让太阳在你的罪里下山的重要性。

你应该以同样的方式迅速清除生活中的罪。当你认识到罪时，立即向神悔罪。如果你冒犯了某人，请迅速向他或她承认自己的过犯并寻求宽恕。养成一种习惯，不要让太阳在任何未经承认的罪上下山。夺走罪的力量，使其无法做你生命中及你的各种关系中，播撒苦涩。

穿上圣洁的新衣，建立正义的生活

天父的目标不仅仅是清除你生命中的罪。祂希望你有一种圣洁的生活方式——在这个休憩地圣灵可以充满你并引导你。

本章的大部分内容已经涉及以弗所书 4 中描述的清除罪过程的第一部分：

1. **除去旧罪**（有罪的习惯／习惯）（以弗所书 4：22）
2. **更新你的思想**（改变你的想法）（以弗所书 4：23）
3. **穿上新衣**（敬虔的习惯／习惯）（以弗所书 4：24）

然而，要建立一种圣洁和公义的生活，你必须积极地穿上圣洁的新衣——被神除去的每一个罪的圣洁对立面。为了摆脱罪，你不能简单地将罪从你的生活中赶走。除非被好的，圣洁的东西所取代，否则罪会再次回归，通常比以前更糟。

"污鬼离了人身，就在无水之地过来过去，寻求安歇之处，却寻不着。于是说：'我要回到我所出来的屋里去。'到了，就看见里面空闲，打扫干净，修饰好了，便去另带了七个比自己更恶的鬼来，都进去住在那里。那人末后的景况比先前更不好了。这邪恶的世代也要如此。"

(马太福音 12：43-45)

正如顺瓦普过程寻求超自然的互动和圣灵充满一样，它的反面也是如此。缺乏顺瓦普过程使我们的生活开始受到超自然的恶魔的影响。去除罪恶，就是清洁你内心的房子，但还不是圣洁。这只是通向圣洁的第一步。当你悔罪而却未能改变你的生活方式以积极养成那个方面的圣洁习惯时，你生命中的恶魔力量会比以前产生更多的捆绑。

看一下罪的一个例子和它的圣洁的新衣：

"你们听见有话说：'当爱你的邻舍，恨你的仇敌。'只是我告诉你们，要爱你们的仇敌，为那逼迫你们的祷告。这样就可以作你们天父的儿子；因为他叫日头照好人，也照歹人；降雨给义人，也给不义的人。"

(马太福音 5：43-45)

"只是我告诉你们这听道的人，你们的仇敌，要爱他！恨你们的，要待他好！咒诅你们的，要为他祝福！凌辱你们的，要为他祷告！"

(路加福音 6：27-28)

你可以向神承认你的仇恨并接受祂的宽恕。在那个认罪时刻，祂可以打破仇恨和敌对的捆绑力量。但是如果你不用积极的爱，宽容，祈祷和祝福你的敌人来代替它，仇恨将比以前更糟。

清除过程的这部分是通向公义之路的重要一步，但这是你每次承认罪时必须采取的一步。你必须积极主动地用圣洁来取代一个个的罪。这就是你作成自己的救恩的方式——你公义的生活方式。只有忏悔不能改变你的生活方式。

这样看来，我亲爱的弟兄，你们既是常顺服的，不但我在你们那里，就是我如今不在你们那里，更是顺服的，就当恐惧战兢做成你们得救的工夫。因为你们立志行事都是神在你们心里运行，为要成就他的美意。

（腓立比书 2：12-13，粗体字是重点）

穿上圣洁的新衣或公义的习惯，就像绑上胸甲以保护自己免受将来在生命的某些方面遭到敌人的攻击。通过这样做，你可以用圣洁的习惯充满你的内心，以此来积极抵挡你想要克服的诱惑。

有时圣洁的新衣是显而易见的。在上面的这段中，恨敌人的对立面是爱敌人，为敌人做好事，祝福敌人和为敌人祷告。如果圣经没有清楚说明你生命中某个罪的圣洁的新衣是什么，那么一个好的起点就是圣灵的果子。

圣灵所结的果子，就是仁爱，喜乐，和平，忍耐，恩慈，良善，信实，温柔，节制。这样的事没有律法禁止。凡属基督耶稣的人，是已经把肉体连肉体的邪情私欲同钉在十字架上了。

（加拉太书 5：22 – 24）

经常扫描圣灵的果子，并评估：如果积极地在你的生活中使用其中的一个果子，是否可以帮助你克服特定的诱惑。例如，我有一个朋友以违反直觉的方式克服了一个从小到大伴随他的罪：通过感谢罪克服了罪。既然圣经说要感谢万物（以弗所书 5：20），他和他的妻子就开始这样做了。这夺走了罪的力量。

开始灵里行走的跋涉

在顺瓦普（SWAP）过程中，"S"顺服，"W"等候和"A"避免都导致"P"——追求圣灵的启示。穿上圣洁的新衣是学习灵里行走的开始，学习紧跟圣灵的第一步。正如你必须学会紧跟荒野向导一样，你必须学会紧跟圣灵，与圣灵同步。

顺瓦普过程的要点是形成一种由全能的神的圣灵所充满并引导的圣洁的生活。当你完成顺服过程，在祷告过程中**等候**并**避免**犯罪这些过程时，你就正在把自己定位为准备好重新充满圣灵了。这就是灵里行走前的全部准备工作。祂赐给你的启示可能是意料之外的，但总会给你带来快乐并荣耀神。

现在你已准备好迈出下一步。开始灵里行走的跋涉吧！

思考题

1. 思考一下在你的生活中有哪些已经麻木不仁的东西？例如你曾经认为有罪但已逐渐被接受的事物。从神的道来看，这些麻木不仁的东西还有罪吗？

2. 复习一下：为了到达圣灵开始充满你的地方，人必须走的圣洁道路（脱去旧罪，更新你的思想，穿上圣洁的新衣）。你在哪里有可能做得好，你在哪里有可能做得不好？

3. 在以弗所书4：17-5：21中，保罗已经给出了十一个罪的例子（尽管还有更多）。有没有哪一个特别让你神经紧张吗？你需要脱去什么罪？你需要改变什么想法？你需要穿上什么样的圣洁新衣？

4. 你有没有一些罪需要向信任的同性信徒承认你的罪，以便你可以摆脱这些罪的捆绑？

5. 你有没有什么罪需要向被你冒犯的人忏悔求得他的宽恕以避免苦根？有没有什么情况，你被别人冒犯，你需要宽恕别人，以避免苦根？

第八章
追求圣灵的启示

顺瓦普（SWAP）框架的前三个方面是同一过程的三个部分。这三个部分通向该框架的最后一步，也就是本框架的目标：由圣灵掌权。圣灵邀请你每天甚至每小时都与祂同步的跳舞——灵里行走。

顺服祂的意志和祂的每一句话
在祷告中**等候**神
避免犯罪，让神清除一切不义
追求圣灵的启示

当你完成前面几章中所概述的过程时，无论是在较长的时间里与神（顺瓦普聚会）相处或每天与祂单独相处，这个过程都应该以邀请圣灵重新充满你的方式达到高潮。你的天父想要完全赐给你圣灵。祂不是很不情愿。祂在等你作为顺服的儿子或女儿来到祂面前，并祈求祂重新用圣灵充满自己。

你所有需要做的事情就是祈求。

圣灵之问

给你充实的圣灵（不仅仅是要永驻在你心中）是你天父的心。当你懂得天父的心时，你可以毫无迟疑地求祂，并从祂那里得到祂所应许的。圣经的大部分应许都是有条件的：你必须以某种方式对神说"是"，以接受祂所应许的。前面的章节是关于你天父要求你的，以便将祂的圣灵完全托付给你。当你顺服圣经的命令时，你的心就准备好接受圣灵的再次充满。

你修行到顺瓦普流程的这一点的话，你就是一只心甘情愿的器皿。你现在需要做的就是让你的天父再次用圣灵充满你。祂喜欢在顺服的孩子身上倾注祂的灵。

"我又告诉你们，**你们祈求**，就给你们；寻找，就寻见；叩门，就给你们开门。因为，**凡祈求的，就得着**；寻找的，就寻见；叩门的，就给他开门。你们中间作父亲的，谁有儿子求饼，反给他石头呢？

求鱼，反拿蛇当鱼给他呢？求鸡蛋，反给他蝎子呢？你们虽然不好，尚且知道拿好东西给儿女；**何况天父，岂不更将圣灵给求他的人吗？**"

（路加福音 11：9 – 13，粗体字是重点）

这是你慈爱的天父的承诺："把罪交给我。然后求我充满你。我不会把你当成一个孤儿，我会来找你！" 正如你喜欢给你的孩子好礼物一样，神也想要把圣灵的恩赐给你。

你只要求祂就行啦。

耶稣应许神永远不会把你当成一个孤儿，而是要送给你神的灵。

当你满足顺服神和认罪的条件时，神就喜欢亲近你。顺服和认罪的过程可能需要数天或数分钟，具体取决于你的起点。但这个过程始终是一样的，雅各已经清楚地概述了这个过程。请注意下面段落中描述的顺瓦普（SWAP）过程的各个要素：

你们想经上所说是徒然的吗？神所赐住在我们里面的灵，是恋爱至于嫉妒吗？但他赐更多的恩典。所以经上说："神阻挡骄傲的人，赐恩给谦卑的人。"故此你们要顺服神【顺服】。务要抵挡魔鬼，魔鬼就必离开你们逃跑了。

你们亲近神，神就必亲近你们【在祷告中等候】。有罪的人哪，要洁净你们的手；心怀二意的人哪，要清洁你们的心【避免罪】。

你们要愁苦，悲哀，哭泣，将喜笑变作悲哀，欢乐变作愁闷。

务要在主面前自卑，主就必叫你们升高【追求启示】。

（雅各书 4：5 – 10）

如果你按照前面章节（以及在雅各书 4：5-10 中）中概述的过程做了，你就有理由期待神会以新的圣灵充满来回应你的祈求。求祂圣灵，祂会用圣灵充满你。请记住，这不是成功神学。圣灵是否充满完全取决于你的顺服态度。

按照下面的内容，从心里向祂祷告：

圣灵之问

"亲爱的天父,作为你的孩子,我已经尽我所能地顺服你和你的旨意。我寻求你宽恕我所有的罪,我渴望过上纯洁的生活。今天我想更好地了解你,全心全意地为你活,并服侍你。请用你的圣灵充满我的全身。作为你宝贵的孩子,我凭着信心接受你的充满。帮我遵守你的启示。谢谢!"

当你求你的天父充满你时,你应该凭着信心等候祂这样做。有时候,当圣灵充满你时,你会认识到自己有了巨大的改变。有时候,重新经历神是戏剧性的,就像在使徒行传 2 中已经被填充过一次的门徒一样:

祷告完了,聚会的地方震动。他们就都被圣灵充满,放胆讲论神的道。

(使徒行传 4:31)

在其他时候,当圣灵指引和对你说话时,圣灵的充满就像一阵温柔的风的低语,你的内心充满平和。

耶和华说:"你出来站在山上,在我耶和华面前。"那时,耶和华从那里经过。在耶和华面前有强烈的大风,山崩石碎,但耶和华不在风中;风过以后有地震,但耶和华也不在地震中;地震过后有火,耶和华也不在火中;**火后有低微柔和的声音**。以利亚听见了,就用自己的外衣蒙着脸,走出来,站在洞口。忽然有声音向他说:"以利亚啊,你在这里干什么?"

(列王纪上 19:11–13,新译本,粗体字是重点)

不要指望神会以完全同样的方式显现两次。祂的显现不遵循某些处方或配方。相反,祂以你现在需要祂的方式来到你身边——有时相当戏剧性,但是有时则没有任何实体表现。你要相信神会在适当的时候来找你,因为祂知道哪个时间最好。

同样地，永远不要指望祂会以相同的方式充满你两次。或者祂会像上次一样启示你。因为祂是神，只有祂知道祂将指引你采取哪些步骤。

> 人心筹算自己的道路，惟耶和华指引他的脚步。
> （箴言 16：9）

有些信徒会告诉你，充满圣灵的迹象是说方言，说预言或具有其他一些引人注目的恩赐。他们可能会告诉你这是一次性事件，并且一旦你被圣灵充满，你就总是被圣灵充满。

但这不仅违背了圣经的教导，而且违背了你与永生神之间关系的本质。神并不让自己按照某种公式或固定模式行事。永生神的灵将以各种方式来到你面前，并在你身上指引出各种情感和反应。有时它会带来戏剧性的感觉，有时则不会。

无论如何，要凭着信心接受圣灵的充满，并开始遵循祂所指示的圣灵的启示。正如我个人在求圣灵充满我的全天时，每天我都在静修中起身，凭着信心默想圣灵在指引我。有时，我身体上感觉到神在我身上用力地做工了。更常见的是，我凭着信心走出船，像彼得一样接受祂的存在（耶稣说："你来吧。"彼得就从船上下去，在水面上走，要到耶稣那里去。马太福音 14：29）。

通常，你还没有求祂，神就用圣灵充满你了。圣经中的许多门徒就是这种情况，因为他们采取了顺瓦普的灵修模式。在我们重新顺服的时候，在我们在祂面前敬拜的时候，或者在苦难的时候，祂的灵降临我们并掌权——定罪，安慰，鼓励，教学，启发。这些情况出现了多少次呢？

有时候，神会主动按照自己确定的时机去充满你。但永远不要不敢求神。这是你天父的心——像孩子求爸爸一样求祂吧。

灵里行走

请记住，如果你是耶稣基督的信徒，圣灵已经住在你里面了。你不必乞求神赐给你圣灵。圣灵在你的生活中，永远都在。

但这与充满圣灵不同。**目标是在充满的圣灵里行走，每个方面**

都被圣灵指引。目标是让祂控制你的生活,使你能够克服每一个问题,征服每一个罪恶,在每个决定中寻求指引,在每一个需要中得到帮助,并在你的周围为神的国度而产生影响。

你的目标是每时每刻行走在圣灵的能力和指引里。这就是灵里行走之路。

耶稣的榜样

灵里行走是耶稣每天走路的方式。祂每时每刻都被神的灵所指引。祂是我们学习的榜样:

> 耶稣对他们说:"我实实在在地告诉你们,子凭着自己不能做什么,惟有看见父所做的,子才能做;父所做的事,子也照样做。父爱子,将自己所做的一切事指给他看,还要将比这更大的事指给他看,叫你们希奇。"
>
> (约翰福音 5: 19 – 20)

耶稣遵循通过圣灵传来的天父的启示。圣灵是天父的声音,启示祂的每一步。

> **圣灵**就把耶稣催到旷野里去。
>
> (马可福音 1: 12,粗体字是重点)

> 耶稣**被圣灵充满**,从约但河回来,**圣灵**将他引到旷野。
>
> (路加福音 4: 1,粗体字是重点)

> 耶稣满有**圣灵的能力**回到加利利,他的名声就传遍了四方。
>
> (路加福音 4: 14,粗体字是重点)

有人把先知以赛亚的书交给他,他就打开,找到一处写着说:

> "**主的灵在我**身上,因为他用膏膏我,叫我传福音给贫穷的人;差遣我报告:被掳的得释放,瞎眼的得看见,叫那受压制的得自由,报告神悦纳人的禧年。"于是把书卷起来,交还执事,就坐下。会堂里的人都定睛看他。耶稣对他们说:"今天这经应验在你们耳中了。"
>
> (路加福音 4: 17 – 21,粗体字是重点)

> 正当那时，**耶稣被圣灵感动就欢乐**，说："父啊，天地的主，我感谢你！因为你将这些事向聪明通达人就藏起来，向婴孩就显出来。父啊！是的，因为你的美意本是如此。"
>
> （路加福音 10：21，粗体字是重点）

使徒行传中的信息

耶稣的门徒在使徒行传中遵循了祂的榜样。在使徒行传的二十八章中，五十多次提到圣灵为早期的基督徒（不仅仅是使徒）做工和指引。五旬节那天接受圣灵只是圣灵日常指引的开始。圣灵的指引——灵里行走——是早期信徒生命中神的大能的无可争辩的标志。

> 那时彼得**被圣灵充满**，对他们说：……
>
> （使徒行传 4：8，粗体字是重点）

> 他们就都**被圣灵充满**，放胆讲论神的道。
>
> （使徒行传 4：31，粗体字是重点）

> 所以弟兄们，当从你们中间选出七个有好名声、**被圣灵充满**、智慧充足的人，我们就派他们管理这事。
>
> （使徒行传 6：3，粗体字是重点）

> 司提反是**以智慧和圣灵说话**，众人敌挡不住……
>
> （使徒行传 6：10，粗体字是重点）

> 但司提反**被圣灵充满**，定睛望天，看见神的荣耀，又看见耶稣站在神的右边，……
>
> （使徒行传 7：55，粗体字是重点）

> **圣灵对腓利说**："你去！贴近那车走。"
>
> （使徒行传 8：29，粗体字是重点）

> 从水里上来，**主的灵把腓利提了去**，太监也不再见他了，就欢欢喜喜地走路。
>
> （使徒行传 8：39，粗体字是重点）

第八章 追求圣灵的启示

彼得还思想那异象的时候，**圣灵向他说**：……
（使徒行传 10：19，粗体字是重点）

彼得还说这话的时候，**圣灵降在一切听道的人身上**。
（使徒行传 10：44，粗体字是重点）

圣灵吩咐我和他们同去，不要疑惑。
（使徒行传 11：12，粗体字是重点）

内中有一位，名叫亚迦布，站起来，**借着圣灵指明天下将有大饥荒**。这事到革老丢年间果然有了。
（使徒行传 11：28，粗体字是重点）

他们事奉主，禁食的时候，**圣灵说："要为我分派巴拿巴和扫罗，去做我召他们所做的工。"**
（使徒行传 13：2，粗体字是重点）

他们既被圣灵差遣，就下到西流基，从那里坐船往塞浦路斯去。
（使徒行传 13：4，粗体字是重点）

扫罗又名保罗，**被圣灵充满**，定睛看他。
（使徒行传 13：9，粗体字是重点）

门徒满心喜乐，又**被圣灵充满**。
（使徒行传 13：52，粗体字是重点）

保罗按手在他们头上，**圣灵便降在他们身上**，他们就说方言，又说预言。
（使徒行传 19：6，粗体字是重点）

现在我往耶路撒冷去，心甚迫切，不知道在那里要遇见什么事；但知道**圣灵在各城里向我指证**，说有捆锁与患难等待我。
（使徒行传 20：22 - 23，粗体字是重点）

圣灵立你们作全群的监督,你们就当为自己谨慎,也为全群谨慎,牧养神的教会,就是他用自己血所买来的。

(使徒行传 20:28,粗体字是重点)

使徒行传的重点是:如果没有圣灵的指引的大能,你就不能过神所召唤你的生活。相反,神呼召普通的门徒以祂所提供的圣灵作为手段,以圣洁,成熟的品格按照使命去生活。祂是使徒行传中使徒行为背后的隐藏的原动力。使徒行传记录了致力于灵里行走的门徒的很多事迹。

灵里行走的圣经方程式

顺瓦普是我们开始灵里行走的姿势。从使徒行传可以得到持续性灵里行走的方程式:

为神的使命和旨意而活

+

每时每刻依靠圣灵的力量和指引

= 在圣灵中行走(基督徒得胜生活和富有成效的事工)

在一段生动地描述保罗和他的团队按照王国方程式生活的方式中,圣灵的指引是显而易见的。保罗和他的宣教团队顺服天父给他们的使命,但在事工的时间,地点和方式方面他们需要圣灵的指引和大能。

圣灵既然禁止他们在亚细亚讲道,他们就经过弗吕家,加拉太一带地方。到了每西亚的边界,他们想要往庇推尼去,**耶稣的灵却不许**。他们就越过每西亚,下到特罗亚去。在夜间有异象现与保罗。有一个马其顿人站着求他说:"请你过到马其顿来帮助我们。"保罗既看见这异象,我们随即想要往马其顿去,以为神召我们传福音给那里的人听。

(使徒行传 16:6-10,粗体字是重点)

第八章 追求圣灵的启示

要进行任何严肃的事工来传播神的国度，你需要圣灵坚定不移的指引和授权。否则，你的方法，工具，属灵操练和事工项目都是死气沉沉。

任何有效事工的关键在于将看不见的原动力的指引和大能与坚固的圣经事工工具结合起来。得胜的基督徒生活的关键不是仅仅摆脱罪恶捆绑和旧行囊以及"相信"你可以保持无罪。相反，其关键是：将圣灵的指引和大能与圣经的门徒操练结合在一起，帮助你克服罪恶，通过试炼，奉行圣洁的习惯，并在事奉上取得丰硕成果。

- **克服罪恶**：不依赖圣灵，圣经的"逃避年轻人的私欲"的警告是由你的意志力推动的。单凭意志力永远不能战胜大多数罪恶。
- **通过试炼**：在不依赖圣灵的情况下，你永远不会在所有事情上，为所有事情发出感谢，尤其是在艰难的试炼环境中。当困难的事重击你的要害时，仅仅依靠你自己的力量的黑暗，你会重新回到抱怨，担心和混乱状态。
- **奉行圣洁的习惯**：不依赖圣灵而去奉行那些能够带来品格改变的圣洁习惯，是缘木求鱼，难以实现的。虽然你可能发现自己有时候也会想对，说对和做对事情，但是更多时候你会频繁地回归过去：你后悔的话，错误的想法，总是改不掉的旧习惯。
- **在事奉上取得丰硕成果**：如果不依赖圣灵，你会发现即使伟大的事工工具和计划也缺乏力度。神已经安排你见的那些人，不靠圣灵你也见不到。不靠圣灵的话，你的事工方法和进程都是起伏难定的。

为神的使命和旨意而活

使徒行传的记录强调普通的门徒生活中要遵循灵里行走的方程式——靠着圣灵的能力为神的使命而活。正是因为他们为耶稣所赐给他们的使命而活，所以他们才被圣灵所充满。跟随耶稣的三年里，这些门徒中的许多人都看到了耶稣的榜样，并听到了祂为父的使命而活的忠告。

"人子来，为要寻找，拯救失丧的人。"

（路加福音19：10）

耶稣说:"我的食物就是遵行差我来者的旨意,做成他的工。你们岂不说'到收割的时候还有四个月'吗?我告诉你们,举目向田观看,庄稼已经熟了,可以收割了"。

(约翰福音 4: 34 – 35)

耶稣对他们说:"来跟从我!我要叫你们得人如得鱼一样。"他们就立刻舍了网,跟从他。

(马可福音 1: 17 – 18)

看见许多的人,就怜悯他们;因为他们困苦流离,如同羊没有牧人一般。于是对门徒说:"要收的庄稼多,做工的人少。
所以,你们当求庄稼的主打发工人出去收他的庄稼。"

(马太福音 9: 36 – 38)

耶稣进前来,对他们说:"天上地下所有的权柄都赐给我了。所以,你们要去,使万民作我的门徒,奉父、子、圣灵的名给他们施洗,凡我所吩咐你们的,都教导他们遵守。看哪,我天天与你们同在,直到世代的末了。"

(马太福音 28: 18 – 20)

这天国的福音要传遍天下,对万民作见证,然后末期才来到。

(马太福音 24: 14)

但圣灵降临在你们身上,你们就必得着能力;并要在耶路撒冷、犹太全地,和撒玛利亚,直到地极,作我的见证。

(使徒行传 1: 8)

我们中的许多人试图驾驶神赐予我们的生命之车,但我们并没有将它驶向正确的目的地——神的使命和旨意。使徒行传的门徒获得了成就神使命的能力。当你不把自己的生命与神的使命联系起来时,你就没有获得成就神使命的能力。灵里行走的方程式就分崩离析:

为自己的目的而活
+
每时每刻都在寻求圣灵的力量和指引
———————————————
= 没有圣灵充满（缺乏神授权的基督徒生活）

如果你不为神的使命和旨意而活，你就不能行走在圣灵里。如果你选择不为祂的旨意而活，神为什么要用圣灵充满你呢？如果你不清楚神在历史中正在进行的使命是什么，对你在其中所扮演的角色也模糊不清，那么很可能你并没有顺服神的旨意。如果你选择为自己的欲望而活，为自己的荣耀和自己的快乐而活，神就不会将圣灵倾注到你身上去掌权。祂的大能总是伴随着祂的旨意。

圣灵最有力和最常见的启示都与帮助你为神的旨意而活有关。祂的启示始终与祂的使命保持一致。[21]

每时每刻依靠圣灵的力量和指引

不幸的是，即使你让自己的生活走上正轨并开始沿着神的旨意公路驾车行驶，但是很难靠着神的大能一直行驶下去。以前你的生活是凭着自己的力量为了自己的目的，现在你可以尝试以自己的力量为神的旨意而生活。上面那个方程式也不起作用。没有圣灵的充满，你的油箱就会空着，即使你试图开向神的使命这个目的地。

为神的使命和旨意而活
+
每时每刻都依靠你的力量
———————————————
= 走路沮丧（没有突破；结果平平）

就像耶稣及其早期的门徒一样，你们被呼召来接受圣灵的启示，并依靠祂每时每刻的指引。当祂充满我们时，圣灵——作为一

---

21 关于神的使命及启示，以及他们之间的关系，更进一步阅读请看书末寓言：父的救援车。

个人——就像任何其他人一样对我们说话。既然祂是一个灵而不是一个有形的人，你需要调整你的耳朵来听祂的声音并跟随祂的指引。当你这样做时，祂将帮助你通过不断成长和品格的改变来实现神的旨意。带着一个能放圣灵的容器，你的灵魂被创造出来的；你被设计出来目的是为了行走在圣灵权柄中。当祂进入你的生活时，你的行走就会战胜撒旦的计划。

这就是灵里行走开始令你内心激荡的时刻！你将回归创造者的设计（创世之初神与亚当一同行走在凉爽的日子里，亲密无间）（创世纪 2：15；3：8）。你跟随着像摩西一样的敬虔前辈的脚步，这些前辈为我们指出了与神更亲密地行走的途径。

> 耶和华与摩西面对面说话，好像人与朋友说话一般。
> （出埃及记 33：11）

> 摩西手里拿着两块法版下西奈山的时候，不知道自己的面皮因耶和华和他说话就发了光。亚伦和以色列众人看见摩西的面皮发光，就怕挨近他。
> （出埃及记 34：29－30）

神创造人的目的是人通过看不见的原动力每天的指引与神谈心。在圣灵中行走会让你回到造物主的计划中。灵里行走让你踏上了救世主赐你的道路，在这条道路上为祂的使命服务。

本书中描述的态度和行为导致令人振奋的生活方式，其名称各不相同：
- 走在圣灵里
- 住在基督里
- 被圣灵带领
- 把基督的道路丰丰富富地存在心里

只有做到灵里行走，你才能完成基督徒行走的高级设计：

> 所以，弟兄们，我以神的慈悲劝你们，将身体献上，当作活祭，是圣洁的，是神所喜悦的；你们如此事奉乃是理所当然的。不要

第八章 追求圣灵的启示

效法这个世界,只要心意更新而变化,叫你们察验何为神的善良,纯全,可喜悦的旨意。

(罗马书 12:1-2)

只有通过灵里行走,你才能与在你里面大力工作的大能的神一起生活。

我们传扬他,是用诸般的智慧,劝戒各人,教导各人,要把各人在基督里完完全全地引到神面前。**我也为此劳苦,照着他在我里面运用的大能尽心竭力。**

(歌罗西书 1:28-29,粗体字是重点)

除了基督借我做的那些事,我什么都不敢提,只提他借我言语作为,用神迹奇事的能力,**并圣灵的能力**,使外邦人顺服;甚至我从耶路撒冷,直转到以利哩古,到处传了基督的福音。

(罗马书 15:18-19,粗体字是重点)

克服生活中每一个问题并且成长得越来越像基督的关键是:圣灵的充满。

事工的大能和持久富有成效的关键是:圣灵的充满。

健康的,变好了的人和神之间关系的关键是:圣灵的充满。

你借着圣灵的大能开始了你的生活。你必须通过圣灵的大能来充满你,指引你的手段,以完全相同的方式,成为耶稣的追随者和得人的渔夫。

无知的加拉太人哪,耶稣基督钉十字架,已经活画在你们眼前,谁又迷惑了你们呢?我只要问你们这一件:你们受了圣灵,是因行律法呢?是因听信福音呢?你们既靠圣灵入门,如今还靠肉身成全吗?你们是这样的无知吗?你们受苦如此之多,都是徒然的吗?难道果真是徒然的吗?

(加拉太书 3:1-4)

从圣灵开始你的基督徒生活,却在你以后的基督徒生活中不去遵循圣灵的启示,这样做是不明智的。你必须始终如一地借着圣灵的大能生活。要这样做,你必须遵循祂的启示,因为祂充满了你。

祂是如何启示你的?

当祂充满你时,祂会对你说话

当圣灵充满你时,祂开始对你说话。由于圣灵是一种灵,而不是一个有形的人,你很可能听不到声音。相反,你会感觉到耶稣的灵以不同的方式启示你和对你说话。请记住,圣经是神的启示,神在圣经中的启示都是清晰明确的。大多数情况下,圣灵会通过在不同时间强调圣经的不同部分来对你说话。当你不是每天都花时间阅读神的话语时,你很难听到圣灵说话。当你不是从心底明白神的道时,你也很难听到圣灵说话。了解神的道是听到圣灵声音的基础。所以每日有安静时间修行和定期顺瓦普聚会,并一辈子保持下去,至关重要。

圣灵的核心作用是帮助你明白并记住耶稣的话语。祂是你的老师,帮助你实现活出道:

但保惠师,就是父因我的名所要差来的圣灵,他要将一切的事指教你们,并且要叫你们想起我对你们所说的一切话。

(约翰福音 14:6)

你们从主所受的恩膏常存在你们心里,并不用人教训你们,自有主的恩膏在凡事上教训你们。这恩膏是真的,不是假的;你们要按这恩膏的教训住在主里面。

(约翰一书 2:27)

除了帮助你了解经文,圣灵也会以其他方式对你说话并启示你。但这些启示总是与圣经一致。他们永远不会违背神的道。评价一种启示是否符合神的道是很好的测验。通过测试,可以测出这种启示是来自圣灵,还是来自你自己的想象,还是来自某个源头。

- 也许祂给你一个必须回应的意象。
- 也许祂会在那天为安排一项使命或者差事。
- 也许祂会在你放在你内心一条特定的信息,让你跟某人分享。
- 也许祂会向你明确你需要做出哪个改变。
- 也许祂会在你的心里放一首赞美之歌,让你自由自在哼出来。
- 也许祂会向你透露跟某个人有关的一些事,让你跟那个人分享。
- 也许祂会在某人的生命中放上某种需求,让你通过自己的行动去满足那个人的需求。
- 也许祂会在你的脑海里植入某种思想,并让其扎根在你的心中,无法动摇。
- 也许祂会在你的脑海里放一个短语,这个短语在你的脑海反复出现,直到你理解。

不论祂做什么,父会向你揭示祂的旨意和计划。所有祂要求你做的就是和祂一样,就像耶稣所做的一样,加入祂。

耶稣对他们说:"我实实在在地告诉你们,子凭着自己不能做什么,惟有看见父所做的,子才能做;父所做的事,子也照样做。父爱子,将自己所做的一切事指给他看,还要将比这更大的事指给他看,叫你们希奇。"

(约翰福音 5:19-20)

"你们若爱我,就必遵守我的命令。我要求父,父就另外赐给你们一位保惠师,叫他永远与你们同在,就是真理的圣灵,乃世人不能接受的;因为不见他,也不认识他。你们却认识他,因他常与你们同在,也要在你们里面。我不撇下你们为孤儿,我必到你们这里来。"……

"到那日,你们就知道我在父里面,你们在我里面,我也在你们里面。有了我的命令又遵守的,这人就是爱我的;爱我的必蒙我父爱他,我也要爱他,并且要向他显现。"……

耶稣回答说:"人若爱我,就必遵守我的道;我父也必爱他,并且我们要到他那里去,与他同住。"

(约翰福音 14:15-18,20-21,23)

当你出于爱而服从耶稣的命令时，你的生命就会成为一个值得神显现的，已经打扫得干净的家。神开始向你展示祂在做什么。你将有更清晰的灵性眼睛能看到圣灵的做工，也会有更精细的灵性耳朵听到圣灵的启示。

圣经称这些启示导致圣灵授权的行为是"圣灵的显现"。希腊语中的"显现"一词仅仅意味着"披露，揭示，揭示，揭示，出现"。换句话说，圣灵将开始揭示你靠着祂的能力生活的方式，以便你能为神和他人服务。

圣灵显在各人身上，是叫人得益处。这人蒙圣灵赐他**智慧的言语**，那人也蒙这位圣灵赐他**知识的言语**，又有一人蒙这位圣灵赐他**信心**，还有一人蒙这位圣灵赐他**医病的恩赐**，又叫一人能**行异能**，又叫一人能**作先知**，又叫一人能**辨别诸灵**，又叫一人能**说方言**，又叫一人能**翻方言**。这一切都是这位圣灵所运行，随己意分给各人的。

（哥林多前书 12：7 – 11，粗体字是重点）

请注意这里的每个行为是如何由圣灵启示的。这些只是圣灵如何指引你的一些例子。圣灵启示你，然后你就开始行动。

恐惧因素

正是在这一点上，恐惧攻击了许多信徒。他们的直觉是将这些现象标记为灵恩派或五旬节派。他们担心对圣灵说"是"会导致稀奇古怪的事情发生，或者遵循圣灵的启示会立即在他们身上打上他们不想要的宗教标签。有些人会退缩，因为遵循圣灵的启示会把他们带出其已经习以为常的舒适区。

假设你刚刚走完了顺瓦普（SWAP）的艰巨程序：顺服，祷告中等候，避免犯罪并求圣灵充满你。在你通往圣灵充满的道路上，你一直说的是："是的，主。"

如果你对圣灵启示的第一反应是"不！"，那将是多么悲惨。

你对圣灵的启示表示拒绝，这让主的灵感到悲伤，你必须重新开始顺瓦普过程。**启示是与神同行的康庄大道。**祂启示你，然后你应该说"是的"。

就像耶稣只能做祂的父向祂显明的事一样，你的目标应该是完成父所赐给你的一切。祂启示你做什么，然后你按照祂的要求做。无论人们如何认为或评论神，耶稣都会跟随父的每一次启示。既然圣灵确实是耶稣的灵（使徒行传16：7），有了圣灵的充满，你就变得像耶稣一样！

请记住，启示并不局限于被社会标记为"稀奇古怪"或"耸人听闻"的行为。启示可能包括突然想要在人行道上向某人打个招呼，也包括你应该在餐厅询问你的服务员是否你可以为他或她祷告，也包括坚定不移地帮助一个汽车抛锚的驾驶人，或者甚至包括向一个（有不当行为的）朋友锲而不舍的低语劝告。消除恐惧；圣灵的启示会让你变得更像基督。

圣灵的启示是为了荣耀神

神要向你显明的事总是会荣耀神。圣灵的作用是为耶稣带来荣耀。祂促使你行事的方式也会给耶稣带来最大的荣耀。

只等真理的灵来了，他要引导你们进入一切真理。他不是凭着自己说话，而是把他听见的都说出来，并且要把将来的事告诉你们。**他要荣耀我**，因为他要把从我那里所领受的告诉你们。父所有的一切，都是我的；所以我说，**他要把从我那里所领受的告诉你们。**

（约翰福音16：13–15，新译本，粗体字是重点）

圣灵宣告这些事情是为了使你能将荣耀归给神并服侍祂的旨意。神希望你为祂的议程而活。

请记住，我们经常会提出错误的问题："对于我的生命而言，神有什么样的旨意？"这个问题的核心是我们，而不是神。

正确的问题很简单："神旨意是什么？"仅此而已。

然后我们必须问："我的生活怎样才能最好地融入其中并为神带来最大的荣耀？"

当你顺服时，父会很高兴向你展示祂的旨意并启示你该采取哪些步骤。祂给你的每一个启示都符合那个旨意。父用圣灵来启示你，不是为了开心好玩，而是大有深意。祂启示你，以便你可以为祂的荣耀而活。在你为祂的名而活着的每个阶段，祂会一直不断向你阐明祂的使命和旨意。

圣灵的启示对你也有益处

令人惊奇的是，神的启示不仅是为了祂的荣耀，也是为了你最大的利益。作为你的创造者，神为你勾勒了人生道路的草图，祂知道如何将祂的荣耀和你的利益完美编织在一起。祂既然创造了你，也知道什么是最适合你的。

我的脏腑是你所造的，在我母腹中你塑造了我。我要称谢你，因为我的受造奇妙可畏；你的作为奇妙，这是我深深知道的。我在隐密处被造，在地的深处被塑造，那时，我的形体不能向你看不见。我未成形的身体，你的眼睛早已看见；为我所定的日子，我还未度过一日，都完全记在你的册上了。

（诗篇 139：13－16，新译本）

当神通过他的恩典拯救了你时，祂不会对你的被拯救感到惊讶。创世以前，祂就预订了你的生命步伐。将你的人生步伐与祂的计划相匹配，将为你带来最大的人生乐趣。

你们得救是本乎恩，也因着信；这并不是出于自己，乃是神所赐的；也不是出于行为，免得有人自夸。我们原是他的工作，在基督耶稣里造成的，为要叫我们行善，**就是神所预备叫我们行的**。

（以弗所书 2：8－10，粗体字是重点）

这样看来，我亲爱的弟兄，你们既是常顺服的，不但我在你们那里，就是我如今不在你们那里，更是顺服的，就当恐惧战兢做成你们得救的工夫。因为你们立志行事都是神在你们心里运行，为要成就他的美意。

（腓立比书 2：12－13）

既然灵里行走就像一个属世的婚姻，那么下面我就跟你分享一个例子，希望可以消除对圣灵的启示说"是"的恐惧。

第八章 追求圣灵的启示

几年前，当我们住在新加坡时，我和我的妻子旅行数周后回到新加坡。在数个国家旅行期间，我们全副心身投入到训练神的工人并捐钱捐物帮助人们改善生活，所以回家时，我们疲惫不堪。由于讲话和教学负担特别沉重，我身体严重透支。

如前所述，我们每天早上的传统是早起，一起在床上喝咖啡。在我们回到新加坡后第一天早上在自己的床上醒来时，劳拉说："亲爱的，让我们做一件特别适合你提神的事吧。你想干什么？"

我立刻想到了新加坡令人惊叹的电影院和西餐厅。在旅行期间的那几周里，我们都吃当地饭菜，所以我很想西餐了。我想："在巨型屏幕上观看一部动作片，吃一个多汁的汉堡，那样的话真是太棒了！"

我没有把自己的想法说出来，而是问她："我不知道，亲爱的。你会建议什么？"

她说："我们为什么不去植物园走走？"

唉，跟我的想法，差十万八千里！

别误会我的意思。新加坡是一个美丽的热带岛屿国家。因为它靠近赤道，花常年绽放。但当她提到逛植物园时，我开始想象我们走在花丛中，躺在草丛中看着云儿飘。不像看动作片那样令人振奋！

面对妻子的提议，我有两个选择：

选项一："你想让我做什么？！你疯了吗？！"

选项二：先说"同意"，然后想跟逛植物园相关的事情。

选项一会破坏夫妻同游植物园的美好时刻，并在我们的关系中造成明显的紧张。

最终，神赐给我恩典去选择选项二。我回答妻子："当然，亲爱的，这听起来很棒！"

不要被那个感叹号骗了。坦率地说，我对妻子的这一提议并不感到兴奋。我知道那天我想要什么——那是奔波了多日后可以休息一下的第一天。

喝完咖啡，吃完早餐之后，我们前往植物园。到了那儿，我没来前预计的那些忧虑一扫而空。我们做了什么？

我们徜徉在花海中。
　我们仰面躺着，
　　手牵着手，
　　　看着云儿飘过，
　　　　什么都不做除了说话。
　　　　　令我惊讶的是，一切都完美。

躺在草地上，看着云彩，我的精神恢复了。给予生命的汁液在我的身心中飙升。鲜花使我们疲惫的身心得以恢复。与我的亲密爱人一起徜徉在植物园，增进了亲密。神创世的荣耀充满了我们饥渴疲惫的心灵，而这是任何人造装置无法做到的。

在那一刻，当生命充满了我的全身，我意识到有人比我更了解自己。我心爱的人的提议值得信任。我的爱人心里装着我。

我那天起初想要的是一部男人喜欢的动作片电影和一个多汁的汉堡包，其实是消耗生命的赝品，并非真正能让我愉悦心身的茶点。听从爱人的提议去游植物园，这个选择非常明智。

那天我就意识到她知道什么对我的生活是最好的。她的提议给了我勃勃生机！动作片和多汁的火腿汉堡不会让我精神焕发。我原来以为只有我自己才知道什么对我最好。其实还是我妻子更了解我。在这样的日子里听从她的提议，真是好极了。

之后，我们在一家热闹的餐厅吃了一些美味的墨西哥玉米片和墨西哥肉丝蔬菜玉米卷饼。正如我刚才所说，我心爱的人了解我。

你的创造者从内到外都了解你。祂知道你体内的每一个细胞。祂知道每一个想法。在为了荣耀祂而创造你的时候，祂也答应为你的利益行事，答应要让你符合神为你设计的基督形象。

我们晓得万事都互相效力，叫爱神的人得益处，就是按他旨意被召的人。因为他预先所知道的人，就预先定下效法他儿子的模样，使他儿子在许多弟兄中作长子。

　　　　（罗马书 8：28 – 29，粗体字是重点）

第八章 追求圣灵的启示

当你爱神并为祂的旨意而活时，祂会为了你的利益在你的每一个环境动工。祂是一位富有同情心的父亲。当祂的灵启示你时，总会带给你最大的快乐。它永远是赐予生命的。

就像上面我和妻子的故事中一样，面对神对你的启示，你有两个选择来回应祂的启示：

方案一："你想让我做什么？！你疯了吗？！"

方案二：先说"同意"，然后想跟神的启示相关的事情。

即使圣灵告诉你的内容听起来与你的想法相违背，也要说同意。神比你更知道你需要什么。祂知道祂是如何造你的。照着祂的提示做是你生命中最赐予生命的锻炼。

选项二赋予你生命。选项一剥夺了你的生活和快乐。

以别神代替耶和华的，他们的愁苦必加增；他们所浇奠的血我不献上；我嘴唇也不提别神的名号。……你必将生命的道路指示我。在你面前有满足的喜乐；在你右手中有永远的福乐。

（诗篇16：4，11，粗体字是重点）

诗篇16解释了为什么神的子民经常充满愁苦和无能为力。在他们的生命中，以别神代替耶和华。每当我发现自己不快乐时，我会问自己一个问题："我是否优先考虑了我生命中的另一个神而不是耶和华？"这些别神可以是力量，成就，爱好，冒险，关系，唯物主义，性，逃避现实，野心，自尊，对神的错误看法——所有这些都是你自以为比耶和华更能给你带来快乐和信心的别神。

除了用别神换走了"圣经中的神"之外，你还有什么别的交易吗？

本书召唤你颠倒易货的对象。用正确的事情换掉错误的东西，比如我和我的妻子，换走了一部动作片和一个汉堡，然后我们获得终生难忘的时间。交换控制权，让神掌权，不要让别神掌权。当你这样做时，祂会与你同在，并把充满的喜乐赐给你。

你不需要害怕神的启示。祂的启示对你来说是最好的。祂的启示对你身边的人来说也是最好的。英国著名神学家鲁易师生动地解释道："我们是半心半意的生物，虽然神赐给我们无限快乐，我们却在喝酒，性爱和野心中混日子，就像一个无知的孩子，当面临海上度假的机会，却选择想要继续在贫民窟制作玩泥巴，因为这个孩子无法想象在海上度假的意义。我们太容易满足了。"[22]

为了保持圣灵充满，一定要持之以恒对圣灵说"是"

实现充满圣灵的目标，需要坚持不懈地灵里行走。我们所希望的是在没有令圣灵悲伤的情况下，尽可能地在圣灵的充满中行走，走得越远越好。你希望尽可能长时间地保持密切，倾听和信任模式。

你的目标应该是对每个来自圣灵的连续的启示说"是"。说"是"，"是"和"是"。永远不要对圣灵说"不"。你说"是"的时间越久，你在圣灵里行走的时间就越长。不要每次仅仅在灵里行走几分钟，每次要待在圣灵里面几小时，或者数天。

要长期居住在灵里面，你必须全天按照顺瓦普模式修行。顺瓦普灵修不是一种锻炼，拿出几天时间进行静修或者每天静修。顺瓦普灵修是一种生活方式。它应该像呼吸一样无时不在，如影相随。为了能被圣灵所指引，你需要不断提醒自己保持顺服。你的每一个选择都让你有机会让圣灵成为你的主宰或者让你再次成为自己的主宰。

当你做出选择时，在祷告中等候祂——即使只是等候几秒钟。当人们要求我的一个朋友为他们祷告时，我的朋友先花几秒钟祈祷如何祷告。这就是由圣灵指引。

这样灵修的其中很大一部分原因是可以活在使命中，以避免一整天出现任何的罪恶迹象。面对每一次试探，你都应该选择避免犯罪恶并穿上圣洁的新衣。当你依然是一只圣洁的器皿时，圣洁之圣灵会很高兴。

每天从早到晚，你都要求圣灵充满你并启示你，无论是做出商业决定还是做拜访事工。如果你还不能使用规条本身作为向圣灵签到的触发器，那你就需要在手机上设置提醒（可能是每小时发出

---

22 鲁易师（C. S. 刘易斯），《荣耀之重》C. S. Lewis, *The Weight of Glory* (San Francisco: HarperOne, 2001: 26. C. S. 路易斯（Clive Staples Lewis，又译"C. S. 刘易斯"，"鲁益师"等等，1898—1963），英国20世纪著名的文学家，学者，杰出的批评家，也是公认的二十世纪最重要的基督教作者之一。

的简单闹铃），在冰箱和浴室镜子上或者其他显眼的地方贴上便签提醒你向圣灵签到。遇到事情，先暂停一下，然后请求圣灵启示你；对于圣灵的启示，要立即说"同意"。

顺瓦普灵修模式必须是你生活的姿态。

> 不要醉酒，酒能使人放荡；乃要被圣灵充满。
> （以弗所书 5：18）

如果你确实使用手机作为提醒，你可以设置一个特殊的铃声，提醒你继续顺服圣灵的主宰。先这样做三个月，然后你可以设置一些新的住在基督中的模式。

不可避免地，你会在某些时候对圣灵说"不"。当你对圣灵说不时，你就选择自行其是而冒犯了祂。你已经使圣灵感到悲伤，所以你必须再次被圣灵充满。你脱离神的圣洁道路游荡了多远，将决定你需要多长时间才能完成顺瓦普灵修过程——完成了这个灵修过程，才能与神和好。

在灵里行走就像在你锻炼肌肉一样。起初，它可能很难，你可能经常失败。然而，随着时间的推移，你应该能够训练你的内心顺服圣灵，并保持长时间的顺服。每次失败时，只需交换到让圣灵去主宰你即可重新充满圣灵。

最常见的圣灵启示

当新约圣经中的信徒重新被圣灵充满时，你认为圣灵最常见的迹象或启示是什么？答案可能会让你大吃一惊。

不是说方言，尽管说方言被普遍认为是圣灵的迹象。圣经清楚地表明，并非所有被圣灵指引的信徒都能用方言说话。这只是许多其他恩赐中的一种。

> 难道个个都是使徒吗？难道个个都是先知吗？难道个个都是教师吗？难道个个都是行异能的吗？难道个个都是有医病的恩赐吗？难道个个都是说方言的吗？难道个个都是翻方言的吗？
> （哥林多前书 12：29-30，和合本修订版，粗体字是重点）

那么，在使徒行传中信徒被圣灵充满的一个共同迹象是什么？有没有一个启示是他们都收到的？

放胆讲论神的道

答案是肯定的。伴随着圣灵充满的不可避免的迹象是，信徒们以某种方式**放胆讲论神的道**。

祷告完了，聚会的地方震动，他们就都被圣灵充满，**放胆讲论神的道**。

（使徒行传 4：31，粗体字是重点）

如果你正在寻找耶稣圣灵充满你的一个共同迹象，你很可能想要大胆而且自信地讲论耶稣，赞美祂，把耶稣的事迹告诉别人，在你的生命中见证祂的大能，等等。我们有很多迷你蜜月。当我和妻子一起过迷你蜜月，我们会以一种全新的方式亲近彼此。当我们蜜月结束，回归正常生活时，亲密的火焰仍然存在。我不禁对自己，对她和我见过的任何人谈论她。我越迷恋她，越爱她，越欣赏她，我就越想谈论她。

当我们刚刚爱上了耶稣，并且祂用自己的圣灵充满我们时，我们想要向我们遇到的每个人谈论祂。这是圣灵是否在充满你的确切迹象。你是否与信徒和非信徒公开谈论耶稣？

以弗所书 5 列出了被圣灵充满的结果。谈论耶稣实际上是列出的圣灵的第一个启示，并且以不同的方式提到了这一启示：

不要醉酒，酒能使人放荡；乃要**被圣灵充满**。
当用**诗章，颂词，灵歌彼此对说，口唱心和地赞美主**。
凡事要奉我们主耶稣基督的名**常常感谢父神**。
又当存敬畏基督的心，**彼此顺服**。

（以弗所书 5：18 – 21，粗体字是重点）

当圣灵充满你时，你想要歌颂你的主，谈论你的主，并永远感谢祂。你大胆地说出神的道。这与说方言不同，因为方言没有人明白。这就是清楚地向神谈论你的爱人（赞美和敬拜祂），向自己谈话（充满对你的救主的感激，提醒自己神有多么神奇）和向其他人谈话（与他们分享见证，分享圣经中的经文，分享一个简单的福音介绍，等等）。

感谢万事万物

在以弗所书5:20中也提到了另一个充满圣灵的常见迹象（或启示），它只是大胆地谈论神的事例中的一个：

> 凡事要奉我们主耶稣基督的名常常**感谢**父神。
> （以弗所书5:20，粗体字是重点）

许多信徒都知道他们应该在所有方面表示感谢：

> **凡事谢恩**；因为这是神在基督耶稣里向你们所定的旨意。
> （帖撒罗尼迦前书5:18，粗体字是重点）

在任何情况下都要感谢神是一项重要的行为准则。在任何情况下都能赞美神，感谢神，这种行为是神的善良中有信心的好行为（罗马书8:28-29）。

但圣经告诉你，不仅要在一切中感谢，还要感谢一切。感谢一切都是更大的信心行为。为着每一件事，甚至为着困难和悲惨的事情感谢神，是以更深刻的方式表明你相信祂作为天父的善良和主权。除非得到圣灵的启示，否则任何人都不能一以贯之地以这种方式生活。只有圣灵才能指引你过上满有感恩的生活，在任何情况下，因着任何情况都感恩。

值得注意的是，在罪恶社会的恶性循环中，基本上没有感恩。在人类堕落的罗马书1中，罪恶和堕落的滑坡始于不赞美神或不感谢神。

> 因为，他们虽然知道神，却不当作**神荣耀**他，**也不感谢**他。他们的思念变为虚妄，无知的心就昏暗了。
> （罗马书1:21，粗体字是重点）

不荣耀神，不感谢神，这表明你认为自己懂得比神多。你这样做时，你拔高你的想法于神的智慧之上。反复这样做，然后它就变成了一种越来越远离神的生活方式。

为着你生命中的一切而感谢并赞美神，这对于在圣灵中行走至关重要。帮助你行在圣灵里的是一种信心的行为。

爱与彼此顺服

在以弗所书 5 章中充满圣灵的最终表现或迹象是：你通过生活在相互顺服的关系中寻求让他人幸福，也被称为"爱"。你爱别人并顺服他们，因为你敬畏基督。祂是你的主宰。

> 又当存敬畏基督的心，彼此顺服。
> （以弗所书 5：21）

太多的耶稣追随者认为，圣灵表现出来的奇妙恩赐是被圣灵充满的唯一迹象。随着时间的推移，你将学会运用祂给你的恩赐。但每种恩赐的目标都在于它可以造就教会。

> 你们也是如此。既是切慕属灵的恩赐，就当求多得造就教会的恩赐。
> （哥林多前书 14：12）

圣灵的恩赐倾注在教会身上。你也有神所赐给你的特别的恩赐。但恩赐不是神给你的唯一启示。顺服任何圣灵的启示——即使是那些感到不引人注意的启示——也会给神带来巨大的荣耀。

一些最寻常的行为可能最是被圣灵启示的行为，因为它们是神发出的提醒，命令我们要活出神的道。神启示你走上楼去安慰一个孩子，这启示显然源于神，同时还是一种奇妙的医治，哭闹的孩子可以借此恢复平静。神启示你照顾在角落里一个无家可归的人，这启示源自神，目的是让你为神做一些引人注目的工作。神启示你走过马路与邻居分享好消息，这启示源于神，目的是和邻居分享你的一句预言。

爱是充满圣灵的实在的证据。这是加拉太书 5：22 中提到的圣灵的第一个果子。服务他人，顺服他们，爱他们胜过爱自己——这些都是神主宰的标志。夹在关于圣灵恩赐的两个非凡章节（哥林多前书 12 和 14）之间的是"最妙的道"——哥林多前书 13。

我现今把最妙的道指示你们。我若能说万人的方言，并天使的话语，却没有爱，我就成了鸣的锣，响的钹一般。我若有先知讲道之能，也明白各样的奥秘，各样的知识，而且有全备的信，叫我能够移山，却没有爱，我就算不得什么。我若将所有的周济穷人，又舍己身叫人焚烧，却没有爱，仍然与我无益。

（哥林多前书 12：31 – 13：3，粗体字是重点）

圣灵的启示，无论是耸人听闻的还是稀松平常的，都将始终以爱为指引。如果每一个行为表现出对神的爱和对周围人的爱，包括对那些看似不可爱的人的爱，你就会知道你正在遵循圣灵的启示。当你想要满足他人的需要而不是自己的需要时，你很可能正在圣灵中行走。你有天父的爱住在你里面。

从来没有人见过神，我们若彼此相爱，神就住在我们里面，爱他的心在我们里面得以完全了。**神将他的灵赐给我们，从此就知道我们是住在他里面，他也住在我们里面。……神爱我们的心，我们也知道也信。神就是爱；住在爱里面的，就是住在神里面，神也住在他里面。**

（约翰一书 4：12 – 13，16，粗体字是重点）

最常见的结果：圣灵的果子

刚刚提到的迹象是被圣灵充满的一些直接迹象。这份清单并非详尽无遗。当你随着时间的推移学会走进圣灵时，最常见的结果并不是你身体上能运用的恩赐，尽管这些恩赐也很重要。学习使用圣灵赐给你的恩赐在基督徒生活中至关重要。关于这个主题已经写了很多书。

但是，在圣灵中持续稳定行走的最常见的结果就是你结出了圣灵的果子。你生活在圣灵所结的果子里，你的品行已经被圣灵所改变。

圣灵所结的果子,就是仁爱,喜乐,和平,忍耐,恩慈,良善,信实,温柔,节制。这样的事没有律法禁止。凡属基督耶稣的人,是已经把肉体连肉体的邪情私欲同钉在十字架上了。

(加拉太书5: 22-24)

仁爱,喜乐,和平,忍耐,恩慈,良善,信实,温柔,节制听起来并不像预言,奇迹和医治那样令人兴奋。然而,他们是圣灵充满你的确切标志。它们是灵里行走的成果。

长久服从圣灵的启示会带给你神为你设计的生命的成熟。在圣灵中行走会产生基督化——人越来越像基督了。

我们中的许多人寻求圣灵的果子,却不去寻求圣灵的果子的来源——圣灵。如果你想要充满仁爱,不要力求自己充满**仁爱**。相反,要力求自己被圣灵充满。圣灵充满了你之后,你就仁爱满满了。

如果你渴望**忍耐**,不要力求耐心。相反,要力求自己被圣灵充满。先有圣灵,后有忍耐。

如果你想在生活中实现更加一致的**节制**,不要追求节制。相反,要力求让圣灵充满你。圣灵来了,节制也就有了。

圣灵是果子的源头。先要顺服圣灵的控制,然后就可以自然而然结出果子了。

一位宣教士朋友聆听了我的顺瓦普灵修理论并进行了实践,之后他写信给我反馈自己的感悟。下面我们一起阅读一下他的电子邮件,可以发现他的话语放在本书的这一部分,很有意义。

您提供的顺瓦普(SWAP)框架非常简洁可行。

我之前已经听过,已经完成并且经历过所有这些元素,并且在短时间内被圣灵充满但是这种状态从未持续很长时间。圣灵总是难以捉摸和神秘。多数牧师只是提出来要"被圣灵充满",但没有真正指引如何去做的才能被圣灵充满。您的顺瓦普框架不是一个三步走的过程,而是包含着关键要素。

现在我已经经历了很长时间的圣灵充满,我真正明白圣灵的果子(仁爱,喜乐,和平……)毋须努力就唾手可得,因为圣灵在做工,而不是我的肉体之做工。我花了很多年时间试图通过自己努力的力量获得圣灵的果子，可是收效甚微。可以肯定的是，我过去曾经向神寻求帮助，求祂展示圣灵的果子给我，但我并没有交换控制权，没有把自己交给神主宰，没有把自己的全部交托神去主宰。我过去的失误在于：致力于为结果（圣灵的果子）而不是原因（被圣灵填充）。本末倒置了。

毋须努力就唾手可得。怎么可以更好地把这句话表达出来呢？

你渴望生命中有圣灵的果子吗？如果是这样，那就行走在圣灵里吧，每天都要这样，每时每刻都要这样。当你在圣灵中行走时，果子会在你的生命中变得更加成熟：

更深厚的**仁爱**
　更丰富的**喜乐**
　　持久的**和平**
　　　坚韧的**忍耐**
　　　　无私的**恩慈**
　　　　　无瑕的**良善**
　　　　　　可靠的**信实**
　　　　　　　充满力量的**温柔**
　　　　　　　　能克服罪的**节制**。

邀请函

你渴望生命中有圣灵的果子吗？
你渴望长成有敬虔的品格吗？
你渴望胜过罪吗？
你在事工中渴望有果子吗？
你想为神做一些大事吗？
你更渴望更亲密地认识神吗？
你渴望为主带来荣耀吗？

灵里行走是实现上面目标的符合圣经的道路。其步骤非常简单，走向路径的步骤非常简单，可以在你最喜欢的咖啡店里用餐巾记下：顺服神，等候神，避免犯罪，追求圣灵启示。无论是在长时间与神在一起，还是在开车到下一个差事时，都要保持这种顺瓦普（SWAP）修行。采取简单的步骤就可以实现这种生活方式，然后这种生活方式就会导向一条不可预测的道路。祂是你所做的所有事情背后看不见的原动力。

顺服祂的意志和祂的每一句话

在祷告中**等候**神

避免犯罪，让神清除一切不义

追求圣灵的启示

耶稣站在你面前，伸出双臂，大声呼唤你——主所爱的人：

"人若渴了，可以到我这里来喝。信我的人就如经上所说：'从他腹中要流出活水的江河来。'"耶稣这话是指着信他之人要受圣灵说的。那时还没有赐下圣灵来，因为耶稣尚未得着荣耀。

（约翰福音 7：37–39）

你会听从灵里行走的召唤吗？你的救主希望像活水之河一样流过你。你就是为此而设计的。

住在基督里

被圣灵充满

把基督的道路丰丰富富地存在心里

被圣灵指引

以上每一句都描述了同一条道路：灵里行走，古老而且被遗忘的修道方式。

这是使徒行传时代的人熟悉的修道方式。这是遍布全球的各种运动中的门徒常到的道路。

从圣经的开头到结尾，主为你设计的道路，如下：

开始：灵里行走是创世纪 1 中神在创世时所设计的。

　　中间过程：灵里行走是贯穿圣经的呼召。

　　　结束：灵里行走是圣经最后一章的最后一次召唤。

圣灵和新妇都说："来！"听见的人也该说："来！"口渴的人也当来；愿意的，都可以白白取生命的水喝。

（启示录 22：17）

接受邀请吧！快来喝吧！

思考题

1. 圣灵所指引的生命的最伟大迹象是什么？答案是：在圣灵的启示下人们大胆而充满爱心地说出了神的道。你对于这个答案惊讶吗？对照检查你的生活。你是否在告诉别人有关耶稣的事情时经历过勇敢？你经常赞美祂吗？你是否以一种有爱心的方式与他人交往？

2. 本章所描述的圣灵的启示中，还有什么启示让你感到惊讶？阅读时感觉神清气爽的提示是什么？

3. 对于一个你本想说"不"的启示你却充满喜乐地说了"是"，你会感到惊讶？怎么样地惊讶？与他人分享你的经历。

4. 神以一种完全超越你期待的方式显现祂的灵，并且启示你，而你也按照圣灵的启示而行了。仔细考虑一下当时的情况并与他人分享。

5. 请思考本书的最后部分的故事"父的救援车"。在那个故事中，哪个角色是你？你想在那个故事里成为哪个角色？

# 结论

对于每个想要活出并服务于神完美设计的信徒来说，灵里行走，不是可有可无的，而是必不可少的。灵里行走必须成为我们标准的操作程序。在圣灵中行走应该是我们超自然生命中最自然而然的方面。

但我们绝不能想当然认为圣经的顺瓦普灵修过程——被遗忘的古老修行道路——被包括我们在内的信徒所理解了。灵里行走健忘症比比皆是。耶稣的追随者都不会自然而然地踏上灵里行走之路。它需要有意识的，充满信心的努力。

在大多数基督徒的心目中，宣教士是地球上最神圣人物名单的首选。理所当然，在所有耶稣的追随者中，宣教士必须在圣灵中自然而然地行走。

然而，我作为宣教士并同其他宣教士工作了二十年，我清楚明白不要想当然认为宣教士都明白灵里行走。

回到看不见的原动力

几年来，我和妻子在东南亚领导着五百名宣教士。神正在摇晃我们的世界，呼召我们怎么样用切实可行的方式回归古老的圣经修行方法，呼召我们进入我们所服侍地区中黑暗的地方，去带领人们走向耶稣，帮助他们成长为门徒，将他们组成健康的教会，并使许多人成为领袖。我们探索并实施了一些方法来帮助这些新信徒和教会照着我们的模式去做，这样他们就可以培养造就信徒了。我们的目标是这种模式将随着新的信徒一代一代传承下去——就像在使徒行传中一样。

我们地区的许多地方都出现了宣教突破。我们敬虔的人员受到鼓励。一个即将退休的宣教士带着泪水走向我，说："我要是四十年前就知道这些事情该多好啊。"他说这些时眼泪都差点掉下来了，"我已经决定了，回到美国后继续以这种方式生活。"

我们的事工顺利进行了一段时间，但很快我们的大部分团队都对第一代或第二代新教会有了怨言。门徒不是一直在成倍增长，而且教会没有进入第三代或第四代。

总的来说，我们的五百名宣教士被困住了，无计可施。问题的根源是一切如所预料的情况下使用的第一行动方案——灵里行走——不清楚明了。我们正在实施使徒行传的原则，但不是在使徒行传的权柄（和人）中。

我想当然地以为这些亲爱的同事都明白灵里行走必须优先于自我行走。但他们中的大多数人从未学过如何在圣灵中行走。为了在事工中取得突破，突破必须从我们开始。我们忘记了方法背后的看不见的原动力！

在接下来的两年里，我马不停蹄地教他们如何灵里行走，一个团队接着另一个团队，一个会议跟着另一个会议，我向他们分享顺瓦普灵修流程。许多人表示，这是他们第一次真正理解如何灵里行走。很多宣教士和当地牧师都被主定罪，因为他们生活在自我行走里而不是灵里行走。悔改导致谦卑的努力，他们每天开始进行顺瓦普修行，练习顺服圣灵。

在随后的几个月里，我们的个人突破带来了宣教事工的突破。第一代和第二代门徒和教会开始生育孩子辈教会，孙子辈教会和曾孙辈教会。很快，第三代和第四代教会接踵出现。最近有一位兄弟给我写信说他们如今在一个穆斯林人群中有了第十八代新教会！

使徒行传的故事再次发生！平凡人也可以使用使徒行传中的那些非凡的权柄做出不平凡的事。

作为看不见的原动力，圣灵希望为你的个人生活带来突破，让你回归神的完美设计，真正变得像基督一样。你的生命更新之后，天父想要让你在这个破碎的世界中发挥重要作用。只有灵里行走才是通向更新的生命和获得发挥重要作用的权柄的唯一途径。这条道路很容易理解，但是必须自觉努力才能最终成就。

与饥渴慕义的朋友一起踏上这条勇敢者的旅程

你可以行走这条路，尤其有一群饥渴慕义的朋友一起完成这个旅程时。

新娘旁边有伴娘，新郎旁边有伴郎。其中一个原因是为了坚定新娘新郎步入婚姻殿堂的信心。在教堂的里屋，新娘子紧张地化妆，新郎则在紧张地把领带一次次整理，而一旁的好朋友则在说着安慰的话：

"新娘太靓了，你娶对人了！"

"你的选择太棒了，你们婚后的生活旅程一定会精彩无比。"

在这样一直加油助威的气氛中，随着婚礼拜堂时刻的到来，两位新人在信心和喜乐中走进了婚姻的殿堂。

与神最甜蜜的关系是你梦寐以求的，这种关系就是跟神结婚。你同样也需要这样的朋友帮助你去完成这件事。

勇敢地走在通向婚姻殿堂的走廊上，和朋友们一起开始旅程吧，这可能不仅开启你生命的复兴，也同样会开启你的教会和社区的复兴。历史上的复兴之火都是由这样的小团体引起的。

历史上最伟大的布道运动之一就是这样开始的。1806年，美国复兴时期，马萨诸塞州的威廉姆斯学院[23]的五名学生开始定期一起祷告。一天下午，这五个人讨论威廉·克理[24]的小册子《基督徒当竭尽所能引领异教人民归正》并为这本小册子祷告。这是一个号召普通信徒顺服圣灵的呼召，呼召普通信徒借着圣灵的非凡的力量把福音传播到世界上福音未达之地。他们的心特别关注在中国无数尚未接触福音的民众。

在他们讨论的过程中，一阵震耳欲聋的雷雨突然向他们袭来，使他们措手不及。五个学生很快跑到干草堆下躲起来。在草堆底下，对于这样一个传播福音到福音未达之地的充满危险的使命，大家发生了一场争论。塞缪尔·米尔斯[25]号召大家祷告。在头顶上雷声隆隆中，他祈求神能消除任何对祂的意志的反对。

---

23 威廉姆斯学院，美国著名大学，2019年 *U. S. News* 美国大学排行榜文理学院第一名。——译注。

24 威廉·克理（William Carey, 1761-1834，又译为：威廉·克里，威廉·凯里，威廉·凯瑞），英国人，浸信会差会的创办人之一，基督教历史上最伟大的宣教士之一，第一位被差派出去的宣教士，现代国外宣教运动的始创人，被誉为"近代宣教之父"（差传事工之父）。1791年，克理完成他的第一本书《基督徒当竭尽所能引领异教人民归正》（*Enquiry into the Obligation of Christians to Use Means for the Conversion of the Heathen*），被赞誉为"现代传教事业的宪章"。——译注。

25 塞缪尔·米尔斯（Samuel John Mills Jr., 1783-1818），北美国外宣教组织的主要首创者。——译注。

当暴风雨还在肆虐的时候，米尔斯看着他的同学们，大声喊道："如果我们愿意，我们可以做到！"那一刻圣灵开始做工了。五个人在回首往事时都把这件事当作他们生命中的分水岭。大家结合在一起，每个人都从中获得鼓舞去努力为神做些事情。如果单打独斗的话，每个人可能都不会这样去服侍神。这就是平凡人的非凡力量。[26]

正是这一小群人的牺牲和榜样导致了第一个北美布道组织的诞生，并最终在学生志愿者运动[27]中激励了10万名大学生顺服神的使命。

祷告完了，聚会的地方震动，他们就都被圣灵充满，放胆讲论神的道。

（使徒行传 4：31）

我们的基督教社会充满了肤浅的信徒和生命未经更新的基督徒的例子。现在是时候该我们回归这种植根于灵里行走，旨在改变生命的门徒身份了。让我们来更新自己，把控制权交给神吧。

顺服祂的旨意和道。

在祷告中**等候**祂。

避免犯罪，让祂清除一切不义。

追求祂赐予的启示。

耶稣的灵在等候你，预备每日充满你，使你可以回到被遗忘的道路上。这是一个呼召，呼召你把自己的控制权交给耶稣的灵接管。

---

26 1806年8月2日，美国威廉姆斯学院五个同学正举行他们经常的聚会，忽然暴风雨来临，他们于是躲进干草堆避雨。在雷轰闪电的时候，他们在干草堆中继续聚会，讨论亚洲的属灵需要，并为海外宣教祷告。圣灵透过他们的祷告做了奇妙的工，他们当场决志成为美国第一批海外宣教士。祷告后，他们站起来说："只要我们肯，我们就能。我们自己可以出去。"这就是著名的"干草堆祷告会"，美国海外宣教运动由此揭幕。1808年米尔斯为首成立了美国第一个学生宣教团体"弟兄会"，献身海外宣教事奉。1810年，米尔斯等人促成了"美国海外传道会"成立。1816年，米尔斯促成美国圣经公会成立。——译注

27 全称是"国外宣教学生志愿者运动"，1886年建立，在美国招募大学生赴国外宣教。——译注

耶稣又对众人说:"若有人要跟从我,就当舍己,天天背起他的十字架来跟从我。"

(路加福音 9:23)

带着一群饥渴慕义的旅行者,踏上了自我否定的灵里行走之路。

圣灵时刻准备着赋予你力量。祂非常乐意赋予你大能。祂渴望带领你踏上这段灵里行走的旅程。你所要做的就是顺服,祈求和喝源自圣灵的活水:

"人若渴了,可以到我这里来喝。信我的人就如经上所说:'从他腹中要流出活水的江河来。'"耶稣这话是指着信他之人要受圣灵说的。那时还没有赐下圣灵来,因为耶稣尚未得着荣耀。

(约翰福音 7:37–39)

这是耶稣在地上事奉期间所作的呼召,也是对末世的呼召。从最初到最后,所有的经文都召唤你到古老的道路:

圣灵和新妇都说:"来!"听见的人也该说:"来!"口渴的人也当来;愿意的,都可以白白取生命的水喝。

(启示录 22:17)

来吧!
喝吧!
行走在灵里行走的路上吧!

附录 1
顺瓦普聚会的格式：
多天，每天，每小时

从这本书中作者提炼出了三个简单的指南，作为顺瓦普聚会的骨架结构。这是你和天父一起经历顺瓦普的机会。记住，目的是帮助你把控制权交给祂，让祂做你的生命的主宰，使圣灵重新充满你，然后指引你行走在圣灵里。

这些指南不是科学或处方。你的目标是与神相遇，更深入地把你的自我根植在祂身上。既然充满圣灵是神的工，我们就不能命令神什么时间动工。但当祂的儿女在祂面前谦卑的时候，祂却乐意用圣灵充满他们。

这些指南是三个顺瓦普聚会的时间框架的基础。在聚会中，你会遇到神并把自己的控制权交给神。记住，这些指南不是律法——它们只是指导原则。请因地制宜相机做出任何有助于你遵循圣经模式的调整。

顺瓦普聚会多日工作表

顺瓦普多日聚会究竟进行多少天合适？选择一个你能做到的最大的时间范围，而不是你能做到的最小的时间范围。这个时间框架允许一连聚会多日，因此，相比每天做的静修，可以有更多时间处理更重大的生命问题。当你发现你与神的爱变得越来越冷，你需要神更深层次的做工，或者当你需要明确人生下一个阶段的方向时，你一定要安排一次多日聚会。

记住，一对已婚夫妇经常会知道他们什么时候需要专门拿出时间和对方在一起。爱情的火花平静下来，生活甚至变得沉闷，很明显，这种情况下就需要一个新的蜜月了。同样地，你的灵性之火也会不时地变暗。闪烁的光就是需要被拨旺的信号。如果灵性之火闪烁不定，那就该进行多日聚会了。

多长时间：2-7 天

大多数人都能拿出一天以上的时间陪神。我推荐的最低限度是一天半到两天。如果神指示你，你甚至可能想超过七天连续聚会。确定聚会时间长短的关键是要倾听神的吩咐，尽你所能清空你的时间和空间，以便圣灵可以对你做工。

聚会地点：不受打扰的地方

在树林里找一间小屋，在海滩上找一间房子，找一家隐秘的旅馆，找一位朋友的闲置的家，类似的地方都可以，只要你不容易被打扰的地方都可以。同时考虑这是陪伴神的时间，要彻底断网：不要上网，不要收发短信，不要使用设计媒体，不要使用电子邮件。这些东西都会让你分心。我建议在你的手机上打开"请勿打扰"功能，只允许一到两个亲密的家人或者朋友在紧急情况下同你联系。

发送一条短信和电子邮件通知朋友，家人和同事（并打开度假回复），让他们知道在这段时间内他们联系不到你。也可以考虑拿出聚会的全部或部分时间禁食。**跟哪些人聚会**：或者你自己＋配偶／一个朋友，或者你＋几个渴望见到神的朋友。

如果你知道你很容易在与神在一起的时间里走神，那就邀请一个人（或一群被圣灵充满的朋友）来帮助你在每个小时和每一天与神相遇时都能按部就班，而不是胡思乱想。如果朋友更多的是分散了你的注意力，或者会阻碍你完全向神敞开心扉，那么就应该自己聚会。你要确保对自己负责。

需要哪些供给：圣经（印刷版的），日志，钢笔，记号笔／彩色铅笔（标记圣经用），和一些搜索圣经汇编的手段（如线上圣经汇编索引，手机 app，印刷本圣经汇编索引）

日志记录是顺瓦普过程的关键部分。你可以使用计算机，平板电脑或电话记录，但使用这些工具时，需要关闭其互联网功能，以避免分心。

许多人从"老派做法"中找到极大的乐趣——使用一本印刷出来的纸质圣经和一本纸质笔记本。你可以为顺瓦普聚会买一本专门的圣经，把所有的所思所想都记在这一本圣经上。阅读经文时有感悟完全可以随时在经文上用记号笔标出来，或者写在书页空白处。让神跟你说话。

聚会步骤：根据你们聚会的实际时间长短来设定顺瓦普的步骤

顺瓦普聚会前的排毒

如果你要去两天以上，并且你已经因工作/生活而筋疲力尽，那么聚会之初，你可能会想首先休息和娱乐。我发现，如果我精疲力竭，那么有时我需要一两天的时间来"排毒"——忘记生活中的种种需求。在这段时间里，你只需要睡觉，吃得好，在户外做一些运动（如果可能的话，到一片水域周围散步），敬拜主，祷告。换言之，就是享受与神共度时光，仅此而已。在一些顺瓦普聚会里，我往往在开始时候连续几个小时一边凝视一个湖泊，一片森林或一片海洋，一边从心底爱着我的主，在主里放松心身。这就是排毒。之后我才能全副信心投入到顺瓦普过程的其他艰难工作中。请记住，解毒时间不是仅仅为了摆脱别神的干扰（以别神代替耶和华的，他们的愁苦必加增；他们所浇奠的血我不献上；我嘴唇也不提别神的名号。诗篇16：4）。这是一个在主里放松的时刻，是一个把你的心吸引到主身上的时刻。在这期间，你要沉思主就是你的产业，你要多读诗篇16的各种不同译本。

顺瓦普过程

聚会节奏

排毒结束后，建立一个贯穿顺瓦普过程的节奏。如果你的身心疲惫，不要强迫自己早起或者晚睡。如果神对你说话直到深夜，你就陪着神晚睡。如果你需要第二天早上睡过头，那么睡吧。如果神在早上很早叫醒你，跟你说话，那你就起床聆听。如果你想要晚上早睡，你尽可以早睡。让慈爱的天父指引你和祂在一起的时间的节奏。

聚会目标

在整个过程中，始终把重点放在这些目标上：

"父啊，我想更好地了解你，更爱你。请向我展示你自己。求你显出你的荣耀给我看！"（见出埃及记 33：18）

"父啊，我想知道你在我这世代所作的事，我用我的生命大大荣耀你。让我看看你的意愿，以及我如何才能为你的意愿做工。愿你借着我荣耀你的名。"（见约翰福音 12：28）

"父啊，我盼望你告诉我，我的生命与你不相合的有哪些，求你更新我帮我变得更像基督。"（见诗篇 139：23-24；罗马书 12：1-2）

****

把这些聚会目的写在纸上，把它们写在你的圣经里，写在你的日志里，写在你会看到的显眼处，比如你浴室的镜子上。让这些持续回归的目的成为你聚会的主题。

聚会中的期待

神是大家的天父，祂希望完全地赐祂的灵给你（见约翰福音 3：34）。祂不是不情愿赐你祂的灵。这里还有几节经文需要打印或写出来，并定期在你的静修中从头到尾读一遍。

我又告诉你们，你们祈求，就给你们；寻找，就寻见；叩门，就给你们开门。因为，凡祈求的，就得着；寻找的，就寻见；叩门的，就给他开门。你们中间作父亲的，谁有儿子求饼，反给他石头呢？求鱼，反拿蛇当鱼给他呢？求鸡蛋，反给他蝎子呢？你们虽然不好，尚且知道拿好东西给儿女；何况天父，岂不更将圣灵给求他的人吗？

（路加福音 11：9 – 13）

神赐圣灵，总无限量。
（约翰福音 3：34，吕振中译本）

你要期待神在适当的时候，用祂的灵充满你。求祂充满你的整个生命。回顾那个关于锲而不舍寡妇的寓言（路加福音 18：1-8），这个寓言开头是这样的：

> 耶稣设一个比喻，是要人**常常**祷告，**不可灰心**。
> （路加福音 18：1，粗体字是重点）

聚会过程

当你聚会几天的时间时，贯穿顺瓦普过程最简单的方法就是在圣经中挑选一部分阅读（圣经的一卷或圣经中的一个主题），一边阅读原文，一边进行顺瓦普灵修。以圣经为灵修的起点。

如果选择一卷书通读的话，可以考虑下面这些内容：

· 一卷福音书——看耶稣的一生，任何时候都可以从耶稣的教诲开始。

· 罗马书——很多的复兴及教会改革都是从阅读罗马书开始的。

· 书信——你可以选择一封跟你处境有关的书信（约翰一书——爱；腓力比——喜乐；以弗所书——迷你罗马书；雅各书——天国的实用的建议）。

· 使徒行传——让神动摇你对祂所能做的事情的旧的看法，让神更新你。

· 旧约书卷——你可能想在读新约时再读一卷旧约，比如"出埃及记"，"尼希米记"，"约书亚书"，"诗篇"，或者先知书中的一卷（如"以赛亚书"），这些先知书呼召人们重新回归神面前。

这是一个可能有用的**基本模式**：

1. **阅读一大部分圣经（几章）**：在你的圣经中，特别是在你的日志中，记录神所教导你的事。

2. **阅读经卷记录感悟的同时，要祷告，并按照顺瓦普（SWAP）过程做工**：读的过程中有意识地祷告。

    A. **顺服**：你如何才能顺服神的旨意和你读到的每一个字？在这一点上你是否已经尽量顺服了？

    B. **在祷告中等候**：为着你所读到的经文中的历史事件而祷告，并评价它对你的生活的影响。

C. 避免犯罪：通过这个过程，神在你的生命中指出了什么罪过？

    I. 向神忏悔这些罪，并采取措施纠正这些罪，或在需要时作出赔偿。

    II. 制定穿上圣洁的新衣的计划，从其他朋友那里寻求帮助，因为你的真正的人生转变需要你良好的责任心。

D. 追求圣灵的启示：求圣灵充满你，求圣灵指出你在下一个阶段需要采取的步骤。写下祂给你的任何启示，并制定遵守这些启示的计划。向圣灵的启示说"同意！"

3. 在日志中写下真知灼见，决定和祷告文：当你读完经文的一部分时，一定要记录神对你说的话。

4. 遵循经文中的"兔子小径"：圣灵是你的导师，可能会启示你踏上"兔子小径"，或者说"互相参照"去查考圣经其他部分经文中神所揭示的同样主题的有关经文。请遵循这些主题。使用圣经汇编索引去查找这些互相参照。如果你不知道要查哪些互相参照，《经文知识宝库》[28]是一本伟大的书，可以帮助你。

5. 接下去的几章圣经经文阅读时，也要重复以上过程。

6. 中场休息——问责问题列表：要真正清除罪过，你需要花时间研究一下在本书末尾的卫斯理运动的问责问题。很多时候，阅读圣经就对于清除罪来说完全够用，但你可以自由决定是否读了圣经之后用这些问题来补充。这些问题会促使你思考。

7. 中场休息——神喜悦的祷告：使用附录4中的祷告文，每天中场休息事件进行祷告。

8. 每次休息时，复习一下你打印/写出来的三个主要聚会目的，并把它们放在视线之内。

---

[28] 《经文知识宝库》，R. A. 陶瑞著，The Treasury of Scripture Knowledge, R. A. Torrey, Hendrickson Pub; 2nd (2002年8月1日)，全书共784页，包含超过50万条经文参考和平行段落的条目，以帮助读者发现圣经的真理。——译注。

9. **当你感觉负担过重时，出去，享受大自然，赞美神**：如果你发现自己负担过重，或者你的大脑感到过度劳累，那就花点时间去散散步吧。唱赞美诗，享受祂的同在。你的顺瓦普聚会不需要刻板遵守聚会程序的规定。让圣灵在你的每一次练习中赐给你启示。在聚会时不要害怕休息（甚至小睡），如果累了，完全可以休息或者小睡。

10. **当圣灵完成了祂的工时，你也完成了你的工！** 在这几天与圣灵同在的时间里，在某一时刻，神会给你特别的平静。你会感觉到你已经尽可能地顺服了，已经承认了你所有的罪过，准备前进了。你会感觉到祂在充满和指引你的思想和心灵。当圣灵示意你完工了，你就完工了。感谢祂用圣灵充满了你，然后快乐地，无拘无束地走向圣灵为你预备的接下来的几步吧。如果你提前完成你的顺瓦普聚会，棒极了。你的目标是去遇见神，你做到了。

关于小组互动的提醒

如果你正在与朋友进行顺瓦普过程，每天在周期性时间点回到一起。你们可以设定一个时间表，比如每两个小时一次，或者在吃饭的时候，或者睡前。

分享你们的日志的重点，分享你们所做的决定，分享神指出的罪过，等等。花点时间一起祷告，并承诺在神的赐给你们的生命转变中帮助彼此前进。

你们可以在早晨和晚上安排一些时间，一起歌颂和敬拜主。

你们可以用附录 4 中那些神蒙喜悦的祷告文一起祷告，并一起回答附录 3 中的卫斯理问责问题。

每日顺瓦普灵修

你静修的目标是保持充满圣灵（见路加福音 5：16），或者，如果你一直反抗祂，就向祂顺服。一个很好的静修方法就是把你每天的静修时间变成一个迷你顺瓦普聚会。正如乔治·慕勒每天所做的那样，你的目标是"让你的灵魂在主里面快乐"。

每天进行的迷你顺瓦普灵修，其过程和多天的顺瓦普灵修完全一样。你每天单独和耶稣在一起时，要有意识地让顺瓦普过程贯穿在读圣经，写日志和祷告的过程中。

如果你没有正常的静修时间，那么在与神相处的 15 分钟，30 分钟或 60 分钟里，也要从容不迫地进行如下活动：

- 阅读经文
- 选择一篇**诗篇**（即使在困难的情况下，赞美诗也能帮助你赞美和感谢神）。
- 阅读"**新约**"一卷书中的一段，目的是在几天／几个星期内不断地阅读这本书，直到你读完。不要试图读得太多。读的内容够你冥想就可以了。
- 如果你有 30 分钟或更长的时间，考虑增加阅读量，阅读与月份中的一天相对应的那一章**箴言**（例如，每月 1 日读箴言第一章，第二天读第二章，以此类推）。箴言为生活提供了实用的智慧。
- 记录：阅读经文过程中，将神赐你的启示写下来。
- 为着你已经读过的经文而向神祷告，及神添加到你心头的东西。
- 快速浏览顺瓦普（SWAP）所代表的几个部分，并将其与你读过的圣经联系起来。求圣灵充满你，指引你。
- 通过一个普通的祷告清单祷告（为家庭，朋友，工作，教堂，差传使命，迷失的羔羊等祷告）。
- 提升信心，相信圣灵正在充满和指引你。把下列内容设定为你的目标：终日住在基督里，知道祂的同在，跟随祂的领导。

每小时顺瓦普灵修

如上文所述，为了全天提醒自己进行顺瓦普灵修，你可以把你的电话闹钟设置为每小时响铃一次，比如设置闹铃的时间为第十八分钟，以提醒你以弗所书 5 章的第 18 节：

不要醉酒，酒能使人放荡；乃要被圣灵充满。

（以弗所书 5：18）

附录 1 顺瓦普聚会的格式：多天，每天，每小时

你可以给它一个特别的警告声音，这将促使你继续向顺服圣灵的控制。这样做一段时间比如三个月之后，你就可以建立一些新的模式，以住在基督里。

当闹铃响起的时候，快速地在你的心里问这些问题：

- **顺服**：
  - 我现在有意识地顺服耶稣了吗？
  - 我现在是否充满了圣灵？
- **等候**：我在等圣灵的指引吗？
- **避免**：我有需要忏悔的罪吗？
- **启示**：圣灵有没有给我启示，让我照着做？

附录 2 团体顺服聚会的形式

在教会，组织，宣教团队（短期或长期），甚至基督教企业，团体顺瓦普聚会是非常有益的。当团体中的个体都亲近圣灵并且被圣灵所充满，这群人自身在地上已经实现了神的旨意。团体顺瓦普聚会的形式听起来可能类似于过去的复兴会议。这不是件坏事。虽然这个形式听起来很老套，实际上正好相反。许多旧时的复兴聚会，真地呼召到神的子民去悔改了，顺服了。这种方法屡试不爽，你可以把它看成是即兴重复演奏。

时限：至少两天

当神的子民能够聚集至少两天的时间时，这时一个团体顺服聚会最有效。要做到这一点，最好的办法可能是在周末举行一次静修，比如周末两天在教堂（取消早上的礼拜），或在假日周末。

虽然连续一段时间是理想的，但团体顺服聚会可以用几个晚上完成，如果只有晚上有空的话。然而，这方面的问题是，需要付出更多的努力。你将需要应付日常生活的干扰，要努力工作，以建立与神相遇的连续性。

目标：遇到神并回应祂

请记住，团队顺服灵修时间的目标是让神的子民充分地遇到圣灵并向祂作出回应。

预备

最重要的是，开始一段热烈的祷告和禁食，从主中获得觉醒——通常提前几个星期或几个月。当你开始准备的时候，让神对你说话，充满你。

如果你与一个计划小组合作，就需要阅读挪威宣教士玛丽·蒙森[29]那本鲜为人知的书《觉醒》（Kingsley Press，1959），每个人

---

[29] 玛丽·蒙森（Marie Monsen）（中文名：孟玛丽，1878–1962），挪威宣教士，1901-1932 年间在中国宣教。著作有：《觉醒：中国 1927-1937 教会复兴 The Awakening: Revival in China: 1927-1937》——译注。

都会从这本书受益。这本书记述了 20 世纪初十年间类似的聚会，这些聚会掀起了席卷中国大地的大规模觉醒。把本书和《觉醒》作为会议计划指南。让《觉醒》这本书促使你鼓励人们在顺瓦普会议之前准备好他们的心。

一旦知道了参加聚会人员名单，你就要召集与会人员为聚会做好准备，以个人或者小组为单位，每周禁食一天或者每天禁食一顿饭。需要注意的是，一定要告诉大家如何安全地禁食。

鼓励那些愿意细读本书的人以个人为单位或小组为单位，从头到尾研读本书，目的是把他们的心完全交给神。鼓励小组开始完成附录 3 中的问责清单。

形式：崇拜，经文，反应，灵活时间

制定一个团体顺瓦普聚会的形式不容易，因为聚会的目标是让神的子民遇到祂，并作出良好的反应。我建议将这两天聚会划分如下：

5-6 次堂会：每次 2。5 至 3 小时。例如：

- 第一天
  - 第 1 次堂会（上午）
  - 第 2 次堂会（下午）
  - 第 3 次堂会（晚上）
- 第二天
  - 第 4 次堂会（上午）
  - 第 5 次堂会（下午）
  - 离场，或第 6 次堂会（晚上）

每次堂会：敬拜 (20-30 分钟)，讲道 (45-60 分钟)，回应 (30-60 分钟)，灵活时间 (30-60 分钟)。

在最后一次堂会之前或开始时：

小组阅读本书插曲部分（"历史的故事主线"），讨论如何在神的旨意中荣耀神。

敬拜

简单,感人,发自内心地赞美神,专注于神的威严,这样就为聆听神的道铺平道路。但是要小心,强大的歌曲阵容组成一个崇拜乐队不应该是敬拜的中心。敬拜的中心应该是神的荣耀和顺服神的威严。因此,敬拜要简朴,发自内心。

讲道

基督爱教会,为教会舍己。**要用水借着道把教会洗净**,成为圣洁,可以献给自己,作个荣耀的教会,毫无玷污,皱纹等类的病,乃是圣洁没有瑕疵的。

(以弗所书 5:25 – 27,粗体字是重点)

你的目标是让神的道(不是花哨的布道)洗净神子民的灵魂。大多数复兴都是开始于神给信徒带来了信念和方向的大量的道。

让神的道对百姓说话。仔细阅读神的大量道,让神的道对听众产生影响。请一个人(或几个人)一节一节地教导和宣讲神的话,每次 45 分钟到 60 分钟。你想要的不是一个雄辩的长篇布道,而是有人简单地解释一下圣经的经文(这样经文可以让人知罪),呼求人们对经文作出回应。让圣灵的宝剑做定罪的工作,而不是人的雄辩:

神的道是活泼的,是有功效的,比一切两刃的剑更快,甚至魂与灵,骨节与骨髓,都能刺入,剖开,连心中的思念和主意都能辨明。

(希伯来书 4:12)

基督差遣我,原不是为施洗,乃是为传福音,并不用智慧的言语,免得基督的十字架落了空。

(哥林多前书 1:17)

如果你需要一个起点,请访问我们的网站 (SteveSmithBooks.com)。该网站提供了免费的要旨提纲及免费资源,可以作为模板。

回应

在讲完每节神的道后，请个人和小团体对圣经那一节的主题作出回应。

他们可能想花更长的时间在祭坛或围绕这些主题的小组里**祷告**，所以留出充足的时间。

鼓励私下向神**悔罪**。如果需要向小组或者全体大会公开忏悔，也可以。在这里，聚会领袖需要确保小组不过度炫耀罪恶，而是以一种健康和符合圣经的方式进行忏悔和恢复关系。[30]

呼召信众顺**服神的旨意**，祂的旨意祂可能会在圣经中指出来，也可能在兴起的主题中显明的神的旨意。例如，大会可能决定以一种具体的方式加入神的历史故事主线（参见插曲）——让福音未达之民的一个族群参与进来，与你所在社区的移民接触，等等。

两天会议的最后一次堂会应该集中在这个问题："我们从这里到哪里去？"允许信徒组成小组，小组的目标是持续的圣洁，顺服和追求神的旨意。在最后一次会议之前（或刚开始时），让小组重读本书第5章和第6章之间的插曲一节"历史的故事主线"，请他们讨论他们怎样才能在神的旨意中最大程度地荣耀神。

在每一次堂会中，不要害怕召唤与会者以明确的方式对神作出回应，这些方式包括忏悔，顺服和对神所赐启示的奉献。

灵活时间

仅仅用来等候神来指引的那些灵活时间安排，也是与其他任何事情一样，是团体顺服聚会成功的一部分。灵活时间不在于留出时间谈论昨晚的比赛，而是在聚会上留出空间来遵循圣灵的启示。你将需要一个领袖或一群领袖，他们知道如何遵循神的启示，并将小组带入到每一个合适的下一步骤，同时避免小组进入跟圣经无关的对话或做出非圣灵指引的回应。

---

[30] 对于那些想向大家忏悔的信徒，你可以鼓励他们先跟长老或者聚会领袖沟通，这样可以帮助他们识别是不是该向大家公开忏悔，还是需要私下忏悔。

灵活时间的目标是允许圣灵带着团队去祂指示的任何地方。例如，在一个公开忏悔和复兴的时间开始后，不要打断它，而是要有足够的灵活性，这段时间可能持续好几个小时。不管是谁主导下一次堂会，需要根据本次堂会的灵活时间情况而且取消或推迟下次堂会。请记住，至关重要的不是严格按照日程按部就班进行每次堂会。对这群人来说，遇到神并对祂作出回应，这才是至关重要的。就像圣灵打断彼得在哥尼流家里的布道一样，我们需要准备好让圣灵打断我们的提前设定的日程安排，而让圣灵掌权。

彼得还说这话的时候，圣灵降在一切听道的人身上。那些奉割礼，和彼得同来的信徒，见圣灵的恩赐也浇在外邦人身上，就都希奇。

（使徒行传 10：44 – 45，粗体字是重点）

代祷小组

在聚会的过程里，要组织一个代祷小组，他们将在这两天的整个过程中祷告。你可能需要让代祷者轮班。现场祷告是最好的，但是如果现场祷告剥夺那些代祷者参加聚会的机会，请考虑安排来自其他教会或组织的信徒担任这一角色，而当他们举行他们自己的顺瓦普聚会，你也要主动提出为他们代祷。

附录 3:
卫斯理运动问责问题

1. 我是不是有意还是无意地给他人留下一种比我实际情况更好的印象？换句话说，我是一个伪君子吗？
2. 我对所有的行为和言辞都诚实，还是夸大其词？
3. 对于他人偷偷告诉我的话，我是否偷偷地传给另外的人了？
4. 我可以被信任吗？
5. 我是服装，朋友，工作或习惯的奴隶吗？
6. 我是自我意识，自我怜悯还是自我辩解？
7. 今天圣经是否住在我心中？
8. 我每天都给圣经时间和我说话吗？
9. 我喜欢祈祷吗？
10. 最近一次我和别人说过我的信仰是什么时候？
11. 我为我花的钱祷告吗？
12. 我能按时上床睡觉按时起床吗？
13. 我有没有在什么事情上悖逆神？
14. 我是否坚持做一些我的令良心不安的事情？
15. 我在生命的某些部分失败了吗？
16. 我是嫉妒人，不纯洁的，爱挑剔的，烦躁的，敏感的还是不值得信任的？
17. 我如何利用业余时间？
18. 我感到骄傲吗？
19. 我是否因着我不像其他人一样，特别是不像那些蔑视税吏的法利赛人而感谢神？
20. 我有没有害怕，不喜欢，拒绝，批评，怨恨或无视的人？如果有这样的人，我在这事上正在做什么呢？
21. 我经常发牢骚或抱怨吗？
22. 对我而言，基督是真实的存在吗？
23. 补充题：我是否如实回答了上面的问题？

附录 4: 蒙神喜悦的祷告样板

以下是从第五章中摘录的祷告，可以帮助你寻求神的同在。这些祷告可以作为一个参考，启示你如何在类似情况下祷告。

****

荣耀神的祷告

我天上的父，只有你才是王。只有你才配得这个世界上所有的名声。我不配得到它。我承认我所追求的往往集中在我自己，我的幸福，我的控制，我的声望和我的名上。这是我的老我中自然的生活方式。

但我想改变这一切。这很难，因为我不知道你怎么看。但我知道你很善良，很有爱心。因此，无论你说什么都将是为了你的极大的荣耀和我的大大的喜悦。我只想服侍你，宣扬你的名。

所以，父，我求你告诉我如何藉着我的生命宣扬你的名。藉着我荣耀你的名吧！

原谅我问你这个问题，"你对我生命有什么样的旨意？"

向我显明你的旨意吧。这就是我唯一的祈求。告诉我你这世代在我们这代人中你正在做的工是什么。让我的理解基于你的话语，而不是我自己的想法。当你显明自己的旨意时，你会赐我权柄去服侍你，服侍你在这个世界上的事业吗？告诉我如何才能让我的生命最好地服侍你并最能扬你的名。

就像撒母耳作为童子时祷告的那样，我祷告："耶和华啊，请说，仆人敬听！"（撒母耳记上 3：9）。我放弃了我的梦想，我的抱负，我的希望，只为你而活。让我成为让宣扬你名的人吧！

****

忏悔祷告

啊，天父，你是公义的，我不是。像羊一样，我误入歧途。我的想法不是你的想法。

在我生命的许多方面，我自己的意志已经取代了你的控制。这就是罪。我向你承认我是有罪的，需要你在我的生命中施展洁净的大能。

把你的光照亮我内心吧，向我显明我误入歧途的每一个区域。如同大卫当年的祷告一样，我也如此祷告：

神啊，求你鉴察我，知道我的心思，试炼我，知道我的意念，看在我里面有什么恶行没有，引导我走永生的道路。（诗篇139：23–24）

就像你要求的那样，我会向你承认每一个罪，并寻求你的宽恕。我想成为一只圣洁的器皿，以荣耀你——一只你的灵可以在其中生活和做工的器皿。

彻底清洁我吧，让我比雪更白。求你清除我所有的不洁的想法，解决我所有的不睦的关系，赦免我所有以往的过犯。

我如今在你面前打开我的生命的大门，求你进入。洁净我除去一切不义。让我在你的面前成为义人。

****

渴慕神的祷告

主啊，你是我杯中的份！你是我想要的唯一产业。哇！我非常高兴看到你那里有我的产业！我喜欢你和你给我的生命的这份产业。

父啊，请向我显明你的荣耀。再显明更多吧。因为，我想要你，而不仅仅要你的委身。我想要你的同在，而不仅仅是要你的恩赐。我想要你的灵，而不仅仅是要你圣灵的果子。

你是我的宝贝和我的奖赏。如果没有你在我生命中清晰而庄严的同在，我就不要离开世界。我想要更好地认识基督，晓得他复活的大能，并且晓得和他一同受苦（腓立比书3：10）。耶稣，不要离开我使我像孤儿一样，而是来找我。我渴望你的同在。

让我更喜欢你以及我与你的关系，而不是喜欢任何属世的事物——任何成就，任何关系，任何财富，任何愿望，任何兴趣，任何爱好。

就像那个发现藏在田野里的宝贝的人一样，为了拥有你我会把我的一切都快快乐乐地卖掉（马太福音13：44-45）。哦，我饥渴难耐！让我尝尝主恩的滋味吧，让我看到你的良善吧！（诗篇34：8）。

****

顺服的祷告

父啊，我已经祷告祈求知道你的旨意了。我已经祈求如何让我的生命能为你带来最大的荣耀了。我已经祷告祈求荣耀你的名。现在我更清楚地了解上述祷告意味着什么。我已经计算了代价。我知道这并非易事。

父啊，我害怕顺服。我缺乏顺服的勇气。按我的意愿而行，比照你的旨意而行，容易得多。

然而，我要和主耶稣一起，祷告："不要照我的意思，只要照你的意思！"求你清楚地提示我，你的旨意是什么以及我如何才能最好地为此服务。当你向我显明你的旨意时，求你赐给我勇气向你说"是"。我要从这次跟你的相遇中奋起，我决意为了你的旨意成就宁愿舍弃生命。

我向你交出我的所有惧怕。我向你交出我的半信半疑。我知道你会在适当的时候回答每一个问题。我知道你会和我一起走这条路，这给了我极大的勇气。我知道我会从事奉你中收获最大的喜乐。和耶稣一起，我说："我的食物就是遵行差我来者的旨意，作成他的工"（约翰福音4：34）。

　　求你还有你的使者一起帮助我。求你用你的同在帮助我。我做出这个决定并不容易。求你帮我消除疑虑，让我懂得顺服是好的。求你安慰我的心，你会高举我。

　　不要照我的意思，只要照你的意思！

****

附录 5:
父的救援车

　　为了挽救农村居民的生命，一位医生搬到了一个小镇，建了一家医院。医院工作人员有条不紊医治生病或受伤的人。但很快出现了一个明显的问题：缺乏人手把病人很快送到医院救治。

　　为了更好地履行救死扶伤的使命，医生给儿子买了一辆面包车，车虽然旧但功能正常。他让儿子把面包车停在医院里。当有人打电话报告紧急情况时，他的儿子就开车去接病人到医院接受治疗。他的儿子很兴奋，因为用这种方式他就能帮助父亲。

　　为了完成这项任务，父亲甚至在医院安装了一个汽油泵站，这样他的儿子总能有足够的汽油把车开到偏远地区去营救人们。医生把车加满汽油，然后把车钥匙给了他儿子。他在加油站派了一名警卫，只为救援任务分配汽油。

　　第一天，儿子问他的父亲："爸爸，为了使这辆车最有效，它需要在机修店进行一次发动机调整。我能有足够的汽油和钱来修理吗？"

　　父亲回答说："儿子，我已经把救援车加满了汽油。如果你觉得你需要找人把发动机调好，你就得用我给你的汽油了。"所以在第一天，当父亲处理紧急情况和病人时，儿子在救援车上忙碌。

　　第二天，儿子问父亲："爸爸，为了让这辆车发挥最大的作用，它需要看起来像一辆大城市救护车，有警报器，闪烁的灯，还要有急救设备。另外，我认为它需要涂成红色。我能有足够的汽油到城里去修一下吗？"

　　父亲回答说："儿子，我已经给了你汽油来救人。但是如果你觉得你需要其他的东西，你必须用你所拥有的汽油。但请快点回来。每天都有人需要救治。"所以在第二天，当父亲处理紧急情况和病人时，儿子在救援车上忙碌。

　　第三天，儿子问父亲："爸爸，你知道，如果我要在我的救援车里救人，我需要医护人员的训练和医护人员的制服。我能有足够的汽油去接受我的训练？"

附录 5: 父的救援车

父亲回答说:"孩子,更重要的是,你应该让人们回到我的医院,而不是试图用你自己的努力去拯救他们。如果你觉得你需要训练,你只要用我给你的汽油就可以去城里了。"当天,当父亲处理紧急情况和病人的时候,儿子继续训练,新买了他的医护制服。

第四天,儿子对父亲说:"爸爸,你知道外面的手机信号覆盖不好。如果我要迅速营救人们,最好有一部卫星电话。这样,不管我在哪里,你都可以随时给我打电话告诉我该救谁。能给我足够的汽油去城里买部新电话吗?"

父亲回答说:"儿子,你要做的就是和我一起呆在医院里。当我听到谁需要被营救时,我会告诉你去哪里,给你加油,让你把他们带回来。但是如果你认为你需要一部漂亮的新手机,你就得用你现有的汽油去弄手机了。"所以在第四天,当父亲处理紧急情况和病人时,儿子去买了一部新手机。

第五天,救援车的报警灯光装好了,发动机也调好了,颜色刷成了红色,停在小医院旁边,但是车里没有汽油了。全镇的人都羡慕这辆漂亮的救援车,儿子站在救援车旁边微笑,衣着考究,训练有素。大家从几英里外赶来,对这辆救援车惊讶之余,赞不绝口。

在接下来的一周里,每个人都想得到儿子的帮助。儿子向父亲想要足够的汽油开车送琼斯太太去理发店,但父亲拒绝了。儿子想向父亲要足够的汽油去帮助他的朋友弗兰克把一堆垃圾运到镇上的垃圾场,但父亲拒绝了。儿子想向父亲要足够的汽油去送几个五年级的男孩去钓鱼,但父亲拒绝了。儿子问父亲要足够的汽油以便开车到夜校完成他的大学学业,但父亲拒绝了。最后,儿子问父亲要足够的汽油,以便开车四处寻找一个符合他的新地位的新的房子,但父亲还是拒绝了。整个星期,当父亲在处理紧急情况和病人时,儿子却在索要更多的汽油。

儿子因为没有足够的汽油来达到他的目的而越来越沮丧。他怒气冲冲地走到父亲跟前,抱怨道:"爸爸,你把这辆救援车给了我,我非常小心。我把它修好了,改进了,并用它来给自己进行重要的训练。我试着用它来帮助人们,甚至满足我的几次需求。每个人都认为我有这个镇上质量最好的面包车。每天我都要你给我足够的汽油，让我做我该做的事，但你从不同意，我需要一些动力让这辆车开起来。事实上，我只是觉得自己无能为力，就想没加油的车一样！"

父亲非常耐心地回答说："儿子，我们来到这个社区有一个使命：去营救人们。从一开始，我就只要求你做一件事：按照我的意愿，把车开到我让你去的地方，把受伤的人带到我这里来治愈他们。

"我答应过你，油随便加随便用，但是只能用来完成这项任务，仅此而已。"

"你对这项任务非常兴奋，但是你觉得你需要其他东西来完成这项任务。一直以来，我都知道，虽然这些事情可能是好的，但它们并不重要。每天我都要救死扶伤，但是因为救援车并没有用于救护病人，有些病人甚至在他们到达医院之前就死了。"

"你兴奋得你都忘乎所以了，忘记了我们的使命。"

"儿子，最近你用这救援车救了多少人呢？"

在长时间的沉默之后，儿子回答说："一个没有。"

父亲看着儿子，眼中含着泪水，说："当你准备好去我告诉你的地方时，我会给你所有你需要的汽油，让你往返。这辆车跑起来会非常好，你会惊讶的。但是如果你拒绝使用这辆车来救人，你就得在别的地方找到自己的汽油。"

在接下来的几周里，当父亲每天处理紧急情况和病人时，儿子却为了那辆外表光鲜的救援车在镇上四处奔波去寻找其他的汽油来源，因为他父亲再也不给他的车加油了。

一周又一周过去了，当儿子走自己的路的时候，父亲则在寻找其他愿意开救援车拯救那些危难中的人的人。

出版社推荐语

圣灵是所有基督徒个人生命更新和事奉硕果累累背后隐藏的原动力。虽然我们知道圣经指出基督徒要行在圣灵里，但大多数基督徒都是圣灵盲，不知道如何在实践中行走在圣灵的大能里，甚至一想起灵里行走就紧张不安。结果是自己的生活因为持续破碎而变得一团糟，事奉因为没有效果而痛苦不堪。相比之下，使徒行传时代的信徒明了灵里行走这条古老的道路。灵里行走赋予他们非凡的力量，这非凡的力量不仅为他们所用，也可以为我们所用。

通过从世界各地近百个类似使徒行传的天国运动中收集各种真知灼见，《灵里行走》"揭开了引擎盖，向我们展示了使徒运动、门徒倍增运动背后的真正秘密"（《有机教会》的作者尼尔·科尔）。无论你是在个人生命中还是在事奉中需要神的做工，这本书都会带你洞悉那些永恒的圣经原则。

灵里行走之路已经帮助成千上万的普通人从根本上依赖那些林林总总的方法和自我帮助，转向从内心里信靠圣灵；正是籍着圣灵，所谓的方法和自我帮助才有作用。《灵里行走》提醒我们牢记这条古老的道路，并用一种实用的训练方法诠释了这条古老道路。

阅读这本书吧！探索如何开启被圣灵一次又一次充满的旅程吧！更重要的是，要学会在整天乃至终生住在基督里的同时，如何保持圣灵的充满。

www.ingramcontent.com/pod-product-compliance
Lightning Source LLC
Chambersburg PA
CBHW052138070526
44585CB00017B/1886